イスラエルについて知っておきたい30のこと

30 Things
to Know about

Israel

早尾貴紀
Takanori Hayao

平凡社

目次

第2部 イスラエルはどんな国か
1948年〜90年代
占領政策、オスロ合意まで

第3部 オスロ合意後のイスラエルはどうなっているか
2000年代〜

パレスチナ／イスラエル周辺

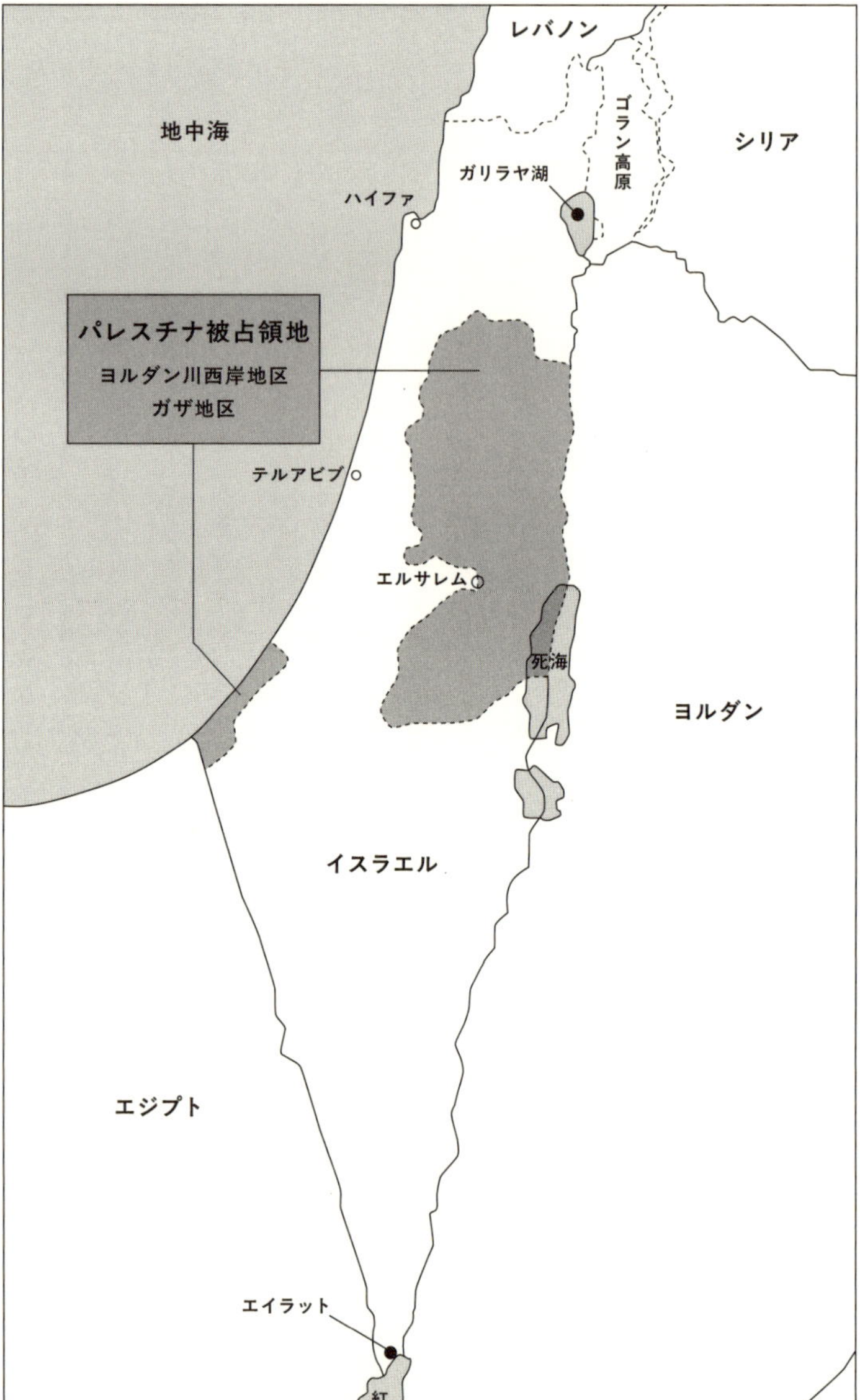

前史

ユダヤ人はなぜ差別されてきたのか

イスラエルは、第2次世界大戦後間もない1948年に建国を宣言した国です。パレスチナの地にユダヤ人のための国をつくろうというシオニズム運動と、欧米の後押しによってつくられました。古代に離散したユダヤの民が帰還して国をつくったとか、ホロコーストの被害にあったユダヤ人のために国がつくられたと言われることが多いのですが、これらの言説は事実ではありません。それについては本書でお話ししていきます。

まずは、イスラエルはどのようにしてつくられたのかに入る前に、その背景にあるキリスト教世界のユダヤ人差別について見ておきます。

キリスト教の排外主義

ユダヤ人がヨーロッパ世界でなぜ迫害されるのか。十字軍とレコンキスタから始めます。

十字軍とはイスラーム統治下にある聖地エルサレムを奪回しようという、ヨーロッパキリスト教世界の運動です。11世紀末〜13世紀末に7回にわたる遠征が行われ、一時的に占領国家をつくるも、結局エルサレム奪回はできずに終わりました。

当時、ヨーロッパの各地にユダヤ教徒のコミュニティが存在していましたが、ムスリム（イスラーム教徒）を敵とする十字軍思想、十字軍運動の高まりを受け、同じく異教徒のユダヤ教徒に対する攻撃・迫害も強まりました。ヨーロッパはキリスト教の世界なのだと自己規定をして、ムスリムとユダヤ教徒を他者化し敵扱いする排外主義を強めていったのです。

反セム主義（アンチ・セミティズム）という言葉があります。聖書に登場するノアの子セムにちなんで名付けられました。日本語では「反ユダヤ主義」と訳されることが多いですが、「セム」とは「セム語系」という意味です。ヘブライ語もアラビア語もセム語系に属するので、反セム主義はユダヤ人差別とアラブ人差別の両方を含んでいます。もっとも、アラブ人（アラビア語を母語とする人）の中にはムスリムが非常に多いものの、キリスト教徒もユダヤ教徒も少数派ながらいます。

レコンキスタも、ムスリムとユダヤ教徒を排斥するものでした。レコンキスタは、8世紀以降イスラーム支配下にあったイベリア半島（現在のスペインとポルトガル）を「再征服」し、キリスト教世界にしようという運動です。

1492年1月2日、スペインのイザベル女王とフェルナンド五世（カトリック両王）は最後に残ったイスラーム勢力の拠点グラナダを陥落させ、レコンキスタを完成させました。当時は、オスマン帝国が中東地域から北アフリカにかけて勢力を広げていたので、ムスリムにはヨーロッパの外部に行く場所がありました。オスマン帝国はユダヤ教徒、キリスト教徒にも寛容だったので、イベリア半島からオスマン帝国領に行くユダヤ教徒も中にはいましたが、ユダヤ教の国・地域はなかったので行き場は限られていました。

1492年3月末日、ユダヤ教徒に対して、4カ月の猶予期間のうちにキリスト教に改宗しなければ追放するという「ユダヤ教徒追放令」が出され、多くのユダヤ教徒がキリスト教に改宗しました。

コロンブスが太平洋横断を目指してスペインの港を出港したのはこの年の8月3日です。これはユダヤ教徒追放令の期限である7月末日と出国・移動のために与えられた猶予期間2日間の翌日の出来事でした。船団の乗組員の大半がユダヤ教徒であることがわかっています。

改宗者へのまなざし

では、ユダヤ教徒追放令によって改宗した人たちが、キリスト教社会に受け入れられたかというと、そんなことはありませんでした。

ユダヤ教、キリスト教、イスラームの間では改宗自体は特別なことではありません。この三つの宗教は、いくつもの啓典（神から預かった言葉を記した書）と預言者（神の言葉を預かる者、神の言葉を受けて正しく伝える者）を共有している宗教で（35ページ参照）、実際、歴史上いろいろな改宗のケースがありました。

ところが、「改宗を迫る」とは、不本意な改宗を強いることを意味します。改宗しなければいまくらしている土地にいられなくなるので、ユダヤ教徒追放令によって、多くのユダヤ教徒のコミュニティが集団で改宗しました。すると改宗を強いておきながら、「あそこの地域は元はユダヤ教だ」「あの家系はユダヤ教徒だった」「改宗しても血は変わらない」というふうに、「血の思想」というものがキリスト教徒の中に出てきます。そして「改宗者（スペイン語で「コンベルソ」）」という言葉や、「隠れたユダヤ教徒」「家の中や心の中ではユダヤ教を信仰している偽キリスト教徒」という悪口として「マラーノ」という蔑称が生まれました。「マラーノ」とはスペイン語で豚という意味です。

こうして「改宗者は怪しい」「血は変わらない」「本心から改宗したわけではないだろう」といった不信感の対象になった元ユダヤ教徒に対して、「ここにいるべきではないユダヤ教徒なのではないか」と「異端審問」が行われるようになりました。異端者を炙り出し、悪魔化する。悪魔化された人々は財産を奪われ、火刑や絞首刑で処刑される。改宗した元ユダヤ教徒は、そういう形で存在を否定されるようになっていきます。

この結果、イベリア半島から多くのユダヤ教徒がヨーロッパ各地に渡っていきました。比較的寛容なネーデルラント（現在のオランダ）のアムステルダムあたりには多くのユダヤ教徒が移住しました。アムステルダムは16世紀ごろから国際港としてヨーロッパの外に開かれ、17世紀初めには南北アメリカへの航路もできたため、多くのユダヤ教徒が新天地を求めて旅立ちました。

アムステルダムから入植した人たちによってつくられたのがニューヨークです。もとはニューアムステルダムという地名だったのが、後にオランダからイギリスの植民地になってニューヨークに変わりました。いまもニューヨークにユダヤ系住民が多いのは、ヨーロッパにいられなくなったユダヤ教徒たちが大航海時代に南北アメリカへ渡ったからです。

このようにユダヤ人を排除するヨーロッパのキリスト教世界で、18世紀末に国民国家（ネーション＝ステート）が生まれ広まったことで、シオニズムの思想が生まれます。

第1部

19世紀〜1948年

イスラエルはどのようにしてつくられたのか

1

シオニズムはどのように誕生したのか

「シオニズム」とは、ヘブライ語聖書（ユダヤ教ではタナハ）の中で「シオン」と呼ばれるエルサレムの地に、ユダヤ人の国をつくるという思想であり、それを実現しようとする運動です。シオニズムがどのように生まれ、次第に力を持っていったのか、順にお話しします。

国民国家とユダヤ人排斥

18世紀末のフランス革命によって、王や貴族、聖職者が政治的な権利を独占する旧体制が壊されました。そして、平民も含めた国民が国の構成員であり、国民全員に政治に参加する権利、「市民権」があるという「国民主権」の考えが打ち出され、「国民国家」という形が生まれました。その後、フランス革命の影響が周辺諸国に広がり、市民革命とそれに対する反動、反革命が繰り返されつつも、次第に各国が国民国家化していきました。

国の正式なメンバーである「国民」が国家を構成する国民国家では、誰が正式なメンバーたる国民なのかという、国民の定義をめぐる問題が生じます。市民革命を成し遂げ、市民権の思想を獲得した国々では、さまざまなマイノリティ集団の人々に対しても、当然、等しい市民権を持つ国民にするべきだという考え方がありました。しかし、それに対して反動もありました。差別を受けていたユダヤ教徒に関しても、ユダヤ教徒を解放して市民・国民化していくという動きと、それに対する反動が生じ、ヨーロッパの国々では結局はユダヤ教徒排斥に傾いていきました。

さらには、自然科学が急速に発展する中で人種は科学的に区分できるという人種主義が広がったことを背景として、定義の曖昧な「国民」が実体化していくようになります。次第に人々の間に「フランス人」「ドイツ人」などの「国」を単位とする「民族」が実際に存在しているような思い込みが浸透して、「ユダヤ人」は自分たちとは違う人種なのだとされていきました。大航海時代に漠然と「血が違う」としていたユダヤ人に対する差別は、こうして人種が違うのだという差別へと変わっていきました。

ユダヤ教徒が「ユダヤ人」として人種化され、排斥されるようになったときに、ユダヤ教徒たちは、ロシアからイギリスに至るヨーロッパ各地で、「信仰が異なるだけのユダヤ教徒マイノリティ」としてそれぞれ散在している状態から、「独自の民族なのだ」というユダヤ・ナショナリズムを展開するようになりました。排斥を受けた反動としてではあれ、これはユダヤ人自らの、主体的な思想運動だということができます。

シオニズムの誕生

そうした中、ドイツ（プロイセン）において、ユダヤ人に市民権を与えるユダヤ人解放令が出された1812年に生まれたのが、モーゼス・ヘス（1812〜1875）です。ヘスはドイツ社会に溶け込んだ知識人で、ヘーゲルやマルクスの思想を受け継ぎ、市民革命とさらには社会主義を進めようとする思想家でした。

ところが、1842年、ドイツでユダヤ人の管理を定める立法の動きが明らかになります。それに対してヘスは、ユダヤ人は特殊な民族ではなく、ユダヤ教を信仰している「ユダヤ教徒のドイツ人」であり、法律で差別するのは間違っているという主張をしました。

進歩と反動のせめぎ合いは、1848年にフランス、ドイツ、オーストリア、ハンガリーなどで連鎖した革命の動きに発展し、そこでは自由主義を求めるブルジョア革命と同時に労働者階級による社会主義革命とが対立しつつ展開されました。ところが、これを阻止する保守勢力が軍事的に弾圧して革命を潰してしまい、ドイツやオーストリアでは君主制が復活し、フランスでは独裁的な帝政へと後退してしまいます。

ヘスもこの反動化・反革命に落胆し、立場を反転します。1862年の『ローマとエルサレム』という論考では、ユダヤ人はユダヤ人種として、他の民族のようにユダヤ人の国家をつくるべきだと主張しました。社会主義左派だった人物が市民革命に挫折して、「ユダヤ人はユダヤ民族であり、自分たちの国家を持つべきだ」と転向してしまうということが、19世紀の半ば過ぎに先駆的にヘスの中で起きていました。

「人種」という概念は政治イデオロギーでしかないのですが、反革命とそれにともなう反ユダヤ主義によってユダヤ系ドイツ人としての同化や解放が挫折させられたことで、ヘスはあたかも「ユダヤ人種」が他のヨーロッパ人とは異なるものとして存在しているかのような論を立て、そこから「ユダヤ人国家論」を導いたのです。

ヘスの『ローマとエルサレム』からおよそ30年後の1894年に、フランスでは「ドレフュス事件」が起こります。フランスの軍人のドレフュス大尉が、ユダヤ人であるためにスパイの嫌疑をかけられた冤罪事件です。この事件を目の当たりにしたのが、フランスに滞在していたテオドール・ヘルツル（1860〜1904）でした。ヘルツルはハンガリー（当時はオーストリア帝国の一部）に生まれたユダヤ系のジャーナリストです。ヘルツルもキリスト教徒が中心の社会の中で、知識人として安定した生活をしていました。

ところが、ドレフュス事件を取材をする中で、ヘルツルはヨーロッパ世界のフランスで反ユダヤ主義が非常に強まっていることに恐怖を抱きました。国の軍人として高位に就いていたドレフュス大尉が、確たる証拠もないのにユダヤ人だという理由で嫌疑をかけられ、その地位を追われる。こうした排外主義、反ユダヤ主義が高まっていくと、ユダヤ人である自分たちの居場所がヨーロッパになくなってしまうのではないかと懸念したのです。

こうしてヘルツルもヨーロッパの外にユダヤ人国家が必要で、ユダヤ教徒はユダヤ民族、ユダヤ人として、ユダヤ国家の国民になるべきだという思想を持つようになりました。

これには別の背景もありました。

1880年代に、ヨーロッパの中でもユダヤ人が多い東欧とロシアで、市民がユダヤ人から略奪し、暴行、殺害した「ポグロム（ロシア語で「破滅させる」という意味）」と呼ばれる激しいユダヤ人排斥が何度も起き、何千人ものユダヤ人が殺されたのです。

東欧、ロシアでのユダヤ人への迫害が激しくなってきたとき、避難先のひとつが西欧でした。すると、西欧世界、とくに産業革命や市民革命によってリベラルで裕福な国であったイギリスやフランスに住み、生活や地位が安定していたユダヤ人たちは、「東欧独特のユダヤ文化（イディッシュ語を中心としたユダヤ文化）を持つ人たちが西欧世界に流入してきたら、反ユダヤ主義や排外主義が一層強まって、自分たちの足を引っ張るのではないか」と警戒しました。そのため、西欧のユダヤ人社会では東欧のユダヤ人たちを自国に入れたくないという動きがありました。

中欧から東欧と西欧の両方の動きを見ていたユダヤ人として、ヘルツルはこうしたことにも危機感を募らせたのでした。

ヘルツルは１８９６年、『ユダヤ人国家』という本を発表し、「ユダヤ人の国」をつくる活動を始めます。１８９７年にスイスのバーゼルで第1回のシオニスト会議を開き世界シオニスト機構を創設、シオニズムの指導者として活動するようになります。ヘルツルはのちに「シオニズムの父」と呼ばれるようになりました。

ヘスにもヘルツルにも共通しているのは、ヨーロッパ社会でマジョリティであるキリスト教徒と共存できると考えていたことです。自分たちはユダヤ教徒だけれども、宗教的に敬虔ということではなく、ユダヤのルーツ、バックグラウンドを持っているだけであるからヨーロッパ社会の世俗的な価値観の中でうまくやっていけるだろうと考えていたのです。

ところが、国民国家の中で、国と人種／民族を結びつけるアイデンティティの持ち方が広がり、ヨーロッパの国々の中でユダヤ人が排斥される状況が強まるにつれ、自分たちは違う民族なのだから独自の国を持つべきだと、自分たちを排斥する国民国家の論理を自ら唱えるようになったのです。

ここには、ヨーロッパ諸国から差別され「非国民」化されながらも、そのナショナリズムを取り入れ、自らユダヤ・ナショナリズムを発展させていったという、反転の論理があります。自分たちを痛めつけてきたヨーロッパの価値観を自ら内面化し、同様の民族主義や国家思想を発展させていったのです。

ただしそれを実現するのは、否応なしにヨーロッパの外でということになり、必然的にヨーロッパ的な国民国家をヨーロッパの外部に挿しこむということになるわけです。

初期シオニズムの活動

ヘルツルが組織した世界シオニスト機構は、世界中のユダヤ人に働きかけて、ユダヤ人の民族意識を高めることや、国家建設のために各国政府の同意や協力を得るための活動をする組織です。シオニストたちは、ユダヤ人コミュニティに働きかけると同時に、イギリスをはじめとするヨーロッパ諸国にロビー活動も展開していきました。

ヨーロッパの外にユダヤ人たちが移住して新しい国をつくるには、そのための場所、土地が必要です。けれども、人が住めるような環境で誰も住んでいない土地なんてありません。だからシオニストたちは欧米の植民地を提供してもらおうと考えました。もちろん植民地にもその土地の人が住んでいますが、宗主国が許可しさえすればいいという考え方です。シオニズムは植民地主義の上に成り立つ思想なのです。

先住民がいるところに外から入植した人たちが国をつくることを、セトラー・コロニアリズム、「入植者植民地主義」と言います。入植者たちが先住民を虐殺したり奴隷化したりすることで国家をなしたアメリカ合衆国や南アフリカ共和国などがその例です。アイヌを弾圧して本土から組織的な植民をし、アイヌがくらしている土地を北海道として併合した日本も該当します。シオニズムの場合は、ヨーロッパ各地のユダヤ人がヨーロッパの外に入植者植民地主義による国家をつくる運動だと言えます。

1890年代の世界シオニスト機構でのヘルツルの活動は、ユダヤ人国家をつくる場所の候補について、面積や環境、政治条件を調べて実現可能性を評価し、シオニストの間で一致した方針を立てることでした。

候補地には当時オスマン帝国下にあったパレスチナも入っていました。ヘルツルはオスマン帝国のスルタン（君主）に会いに行って交渉しますが、まともにとりあってもらえませんでした。可能性がないと判断したヘルツルは、イギリス領東アフリカ（現在のケニア、ウガンダ、タンザニアに当たる地域）を第一の候補としました。他にフランス領マダガスカルや、イギリスの息がかかったエジプトのシナイ半島、さらに南米アルゼンチンも検討されましたが、現地の環境や情勢などを考慮して、ヘルツルが主導して東アフリカ案を世界シオニスト機構に承認させました。しかし、１９０４年のヘルツルの没後、世界シオニスト機構はそれを撤回してパレスチナを目標としていきます。

当初、シオニズム運動に対して各地のユダヤ人たちの反応はよくありませんでした。ヨーロッパに住むユダヤ人がヨーロッパ以外の場所でユダヤ人の国をつくるという考え方は、ヨーロッパから出ていけというユダヤ人差別を認めているのと同じことだからです。ヨーロッパの中でシオニズムを唱えることで、「それならどこかに国をつくって出ていけ」という新たな排斥運動が起こることを懸念する人たちもいました。キリスト教社会の中に溶け込んでくらしているユダヤ人たちにとっては、「ユダヤ人問題」が注目を集め、しかもその「解決」がヨーロッパ外への移住として提案されるのは迷惑だったのです。

シオニズム運動はヨーロッパの外にユダヤ人の国をつくるという運動ですが、実現可能性が低く、現実的な建国の動きにならなかったころは、方針が一致せず、「精神的シオニズム」「文化シオニズム」と呼ばれる流れもありました。

これは、エルサレムは心の拠り所としてあったり、あくまで個人レベルの移民ということはあり得たとしても、土地を奪ったり、国をつくったりなどとは考えない思想です。ユダヤ民族としてのアイデンティティ、ユダヤ・ナショナリズムを肯定はするものの、ユダヤ人だけの領土国家をつくるとか、パレスチナを乗っ取るとかいう話ではなく、仮に移民したとしても先住民との関係を尊重し、移民である自分たちも聖地への権利や個人の権利を認めてもらおうと考えます。精神的シオニスト、文化シオニストには、移民してくらす場合の自己規定として、「ユダヤ教徒のパレスチナ人」という言葉を使う者もいました。

2

植民地主義とシオニズムの関係とは

キリスト教シオニズム

「キリスト教シオニズム（クリスチャン・シオニズム）」という問題があります。じつは、19世紀末からのユダヤ人によるシオニズム運動に先駆けて、「キリスト教シオニズム」という思想がありました。

イスラエルの歴史家イラン・パペが非常にコンパクトに明快に述べていますので紹介します。

イスラエル／パレスチナで現在起きていることには、無視できないいくつかの歴史的文脈がある。より広範な歴史的文脈は、19世紀半ばにさかのぼる。西洋の福音派キリスト教徒が、「ユダヤ人の帰還」という考えを宗教的な至福千年の責務へと変換し、死者の復活、メシアの再臨、そして終末へとつながるステップの一段階として、パレスチナにユダヤ人国家を樹立することを提唱したのである。

（イラン・パペ「なぜイスラエルは対ガザ戦争において文脈と歴史を抹消したがるのか」、『現代思想』２０２４年2月号、早尾貴紀訳）

キリスト教シオニズムは、プロテスタントの福音派のキリスト教徒が、ユダヤ教の終末論にあるイスラエル王国の復活の思想を利用したもので、救済へのステップとしてイスラエル王国の復活がまずあるという考えです（ただし、キリスト教福音派では、終末が実現したときに救われるのは福音派だけです。ユダヤ教徒はプロテスタントに改宗しない限り、神によって罰せられて滅びます）。

最初に言説として出てきたのは、17世紀の宗教改革の時代でした。プロテスタントの一部で原点回帰のようにユダヤ王国の復活が語られました。より具体的な政治的文脈で表明されたのは、１８３９年です。イギリスの第七代シャフツベリ伯爵（１８０１〜１８８５）が、「ユダヤ民族の国家と復活」という論文で、「ユダヤ教徒をパレスチナに入植させ、ユダヤ王国を復活させよ」と主張し、イギリス政府の要人に熱心に働きかけました。

それが奏功し、40年代には、イギリスの外相が「ヨーロッパのユダヤ人をパレスチナに入植させてユダヤ王国を復活させることが、プロテスタント国とオスマン帝国の利益になると、オスマン皇帝に進言せよ」という書簡を在イスタンブール英国大使に送っています。

こういう思想はパレスチナをイギリスの保護領にして植民地化していこうという欲望と重なります。この地域は、ヨーロッパ・アジア・アフリカを結ぶ交点であり、交易上も戦略上も重要な場所だからです。1830年代にアラブ人によるオスマン帝国からの独立戦争があり、そこに英仏露が介入するという出来事がありました。オスマン帝国のエジプト総督ムハンマド・アリーが大シリア地域（現在のパレスチナも含む）の行政権を要求して反旗を翻したことを受けて、オスマン帝国はロシアに支援を要請しましたが、中東でロシアの影響力が強まることを警戒したイギリスとフランスも介入したのです。

この後にシャフツベリ伯爵の論文があり、1840年代からはイギリスの植民地省の役人や在中東外交官らが、「パレスチナを大英帝国の保護領とし、そこにユダヤ人を入植させユダヤ人国家を建設すべき」といった政策提言をしていきます。

シオニズムという思想が出てきた背景としてのキリスト教シオニズムと、イギリスをはじめとするヨーロッパ諸国の中東に対する植民地主義的な欲望があり、それにシオニストたちが便乗、利用して、シオニズム運動をイギリスのバックアップを受けて推し進めていくことになります。

ヨーロッパの防壁

ヨーロッパ諸国に援助を求める際に、シオニストたちは「パレスチナにユダヤ人の国をつくることは西洋文明の防壁になる」という言い方を頻繁にしてきました。

ヨーロッパからすると、ユダヤ人がパレスチナに国をつくれば、自国にいるユダヤ人をそこに送り出すことができるので、自分たちの反ユダヤ主義的な人種差別にとって都合がいい。と同時に、ヨーロッパの支援や関与のもとに、パレスチナにヨーロッパのユダヤ人が入植して国家を持てば、建国後も協力関係を維持し利害を共有する国をアラブ地域の真ん中につくることができます。それはヨーロッパの飛び地として、要塞国家の役目を果たします。アジア・アフリカの野蛮に対する最前線に位置して、ヨーロッパ文明を守る防壁になる、ということです。

したがってシオニズム運動とは、十字軍やレコンキスタのころから一貫している、他者を排斥するキリスト教社会の排外主義・人種主義、そして中東地域に対する植民地的な欲望とが生み出したのであって、徹底的にヨーロッパ諸国の都合によるものです。そのうえ、やはりヨーロッパの生み出した「一つの民族が一つの国家を形成する」という国民国家主義に基づいています。

ですからシオニズムをユダヤ教と同一視しないこと、パレスチナ問題を宗教対立と捉えないことはとても大事な視点です。あくまでシオニズムは、ヨーロッパの植民地主義と人種主義と国民国家主義の三つの融合であると整理するべきです。

3

シオニズムの物語とは

「約束の地」「離散と帰還」

シオニストたちがユダヤ教徒のコミュニティに対して、パレスチナへの移住者を募る際に使ったのが「約束の地」「離散と帰還」という言葉です。

「約束の地」とは、ヘブライ語聖書に記されている、神がイスラエルの民に与えると約束した地を指します。

「離散と帰還」とは、紀元70年に古代ユダヤの王国にあった第二神殿がローマ帝国により破壊され、国を失ったユダヤ人が離散し、離散したユダヤ人がその地に戻って国を復活させることを意味します。つまり、離散したユダヤ民族が神に約束された土地に帰って国をつくるということです。

しかし、シオニストの「古代に離散したユダヤ民族が「約束の地」に帰還するのだ」という主張は歴史的事実とは違うことが、これまでの研究で明らかになっています。古代王国のユダヤの民と、近代のシオニズム運動を担ったヨーロッパのユダヤ人は、大きく異なるのです。

古代のユダヤ教徒は、パレスチナ地域はもとより中東から地中海圏にかけてより広範囲にくらしていました。さらに中世には、ヨーロッパ圏内にもユダヤ教の共同体ができていきます。その人たちはどのようにしてユダヤ教徒となったのか。地中海沿岸では交易によってユダヤ教徒が移動することもありましたし、キリスト教ほどではないにせよ、ユダヤ教も伝道によって広まっています。そうやって持ち込まれたユダヤ教の宗教文化がその地域に定着したりして、ユダヤ教徒になる人たちがいました。場所によっては集団的な改宗もあっただろうと考えられています。とくに東欧・中欧のユダヤ教コミュニティは、伝道・改宗によって形成されたもので、古代のエルサレムから人が渡ってきたわけではありません。元からのヨーロッパ人です。

これについては、イスラエルの歴史学者シュロモー・サンドが『ユダヤ人の起源――歴史はどのように創作されたのか』（ちくま学芸文庫）で詳細に検証しています。この本は2008年にイスラエルで刊行されると大きな話題となり、世界各国で翻訳されています。

サンドが明らかにしたことは、ローマ帝国に滅ぼされてエルサレムの神殿は崩壊したけれどユダヤ人の離散は起きていないということでした。一部の宗教指導者は追放・連行されましたが、ほとんどの住民はそのままその地に残ったのです。

シオニズムでは、あたかもすべてのユダヤ人、ユダヤ教徒が離散したかのように語られますが、そもそもそんな事実はないのです。離散せずに、ユダヤ教徒のまま、あるいは後にキリスト教徒になったりムスリムになったりして、その地に住み続けた。つまり、古代イスラエルの民の末裔はいまのパレスチナ人だと言えます(もちろん、人の移動や出入りはどの時代にもありますから、そっくりそのままという意味ではないですが)。すなわち、各地にくらしているユダヤ教徒たちは、エルサレムおよびその周辺から離散した人たちの末裔ではないということです。

私は授業や講演で次のような比喩をよく使います。仏教の起こりはインドのブッダガヤだからといって、日本の仏教徒集団が「自分たちはブッダガヤにルーツがあるから、そこに集団入植して日系仏教徒の国をつくるんだ」と主張する——あまりにも荒唐無稽な話です。日本の仏教文化は中国大陸や朝鮮半島を経由して伝来したもので、日本の仏教徒がブッダガヤから離散した末裔などではないのは明らかですから。

シオニズムの場合は、複雑な歴史的な背景や事情があってつくられた政治神話なので単純にこの例と同じとは言えませんが、ヨーロッパのユダヤ教徒は紀元70年にエルサレムから離散した人たちの末裔ではない。宗教的な繋がりやゆかりを感じることはあるかもしれませんが、自分たちはそこから離散した人たちだから帰還する権利があると主張するのは歴史に照らしてはっきりと間違っています。

シオニストたちは「土地なき民に民なき土地を」というスローガンも用いました。しかし、サンドが明らかにしたように、パレスチナが無人になったことはありません。ユダヤ人が追放されて離散している間、荒れ地になっていたかのような「民なき土地」というのはつくられた神話です。荒れ地に帰ってきて、そこをゼロから耕して豊かな土地にした、だから誰かを追放したこともなければ誰かから奪ったこともないという物語は、シオニズムの典型的な建国の物語です。

ディアスポラとガルート

一般的に辞書などにも「ディアスポラ」の定義は、「ユダヤ人の離散」と「離散したユダヤ人コミュニティ」のことと書かれていますが、ディアスポラという言葉がそのような使われ方で流通するようになったのはシオニズム運動が起きて以降、19世紀末になってからです。

本来のユダヤ教思想からすると、神殿の崩壊によるユダヤ王国の滅亡は、神によって権力欲や支配欲などの傲慢さを罰せられた結果であり、神による罰として国を亡くしている状態です。その亡国のことをヘブライ語で「ガルート」と言います。この語には地理的に散らばっているという意味はありません。たとえユダヤ王国亡き後のパレスチナにくらしていても、ユダヤ人が王国を失っていることは変わりません。

ユダヤ教では、どこにいるのかという地理的なことではなくて、神に罰せられた状態にあるということが問題なのです。どうすればその罰を解かれて神によって王国を復活させてもらえるのか、罪人である人間ができることは、神に敬虔に、信仰に忠実に生きることだけです。神がユダヤ人の罪を赦し、メシア（救世主）が現れて王国を復活させるかどうかは、人間が決めることはできません。それがユダヤ教における終末論・終末思想です。

それに対して「ディアスポラ（diaspora）」という言葉はギリシャ語から来ていて、「あちこちに（dia-）散らばっていること（-spora）」を意味します。神罰としての亡国による「ガルート」とはまったく無関係な概念で、ヘレニズム時代（紀元前4～紀元前1世紀）の前から、地中海沿岸や黒海沿岸の各地にギリシャ人が散らばって入植していたことを指した言葉です。ヘレニズム期にはユダヤ教も地中海沿岸に交易や改宗で広がり、ユダヤ教徒コミュニティができていきますが、これも「ディアスポラ」に該当します。しかし、「追放されて離散した」ユダヤ人ではありません。

ヘブライ語の「ガルート」が古代ギリシャ語に翻訳される際に、「ディアスポラ」が訳語にあてられたことから、のちに「ユダヤ人の離散」を指す「the Diaspora」として使われるようになります。

先に述べたプロテスタントによるキリスト教シオニズムが起きた17世紀に、ガルートとして亡国状態にあることを地理的な離散に意図的に読み替えて、古代に離散したユダヤ教徒を「帰還」させてユダヤ王国を復活させようという議論が起こりました。そのときにイギリスのピューリタンが英語圏で「ディアスポラ」を使い始めたということが、オックスフォード英語辞典で最古の用例として確認できます。さらに19世紀末にヨーロッパのユダヤ人によるシオニズム運動が起こったときから、各地のユダヤ人を「ディアスポラ」と呼び、あたかも物理的に結集して建国しさえすればディアスポラが終わるかのような、「離散と帰還」の物語がつくり出され、流通するようになったのです。

これは、本来はユダヤ教の教義と無関係の政治運動を、宗教言説を曲解して正当化に利用する行為だったと言えます。

ヘルツルをはじめ入植活動をし、建国運動を担っていった人たちは「自分たちの国家を持つぞ！」というナショナリストで、宗教的な人たちではありませんでした。先述のように、建国の候補地として、英領東アフリカや仏領マダガスカルなどの地域が検討される中で、パレスチナでなければならないことを正当化するロジックが欲しくなったときに、宗教のような物語が必要になったのです。

宗教対立ではない

シオニズムが宗教的語りを利用したため、パレスチナ／イスラエル問題は、宗教対立と言われることも多く、「唯一の聖地エルサレムをユダヤ教徒とムスリムが奪い合っている」かのようなことが日本の言説の中でも出てきます。しかしユダヤ教、キリスト教、イスラームの三つの宗教は教義的な対立があるわけではありませんし、聖地の独占をめぐって争ってきたわけでもありません。

三つの宗教は、ユダヤ教から後の二つの宗教が分かれていったという関係にあります。

ユダヤ教の発祥は紀元前13世紀ごろにさかのぼります。その後、パレスチナにユダヤ教の改革派としてのイエスが登場し、彼の処刑後、弟子たちがイエスをキリスト＝救世主として崇めるようになり、後にキリスト教という宗教に発展させていきました。イエスはナザレ生まれ（生誕教会はベツレヘムにありますが、歴史学的にはナザレ生まれとされています）、いまで言うアラブ人、中でもパレスチナに生まれ活動したパレスチナ人です。

7世紀ごろにはアラビア半島にムハンマドが登場し、やはり一神教世界の中でイスラームが分かれていきました。この人たちも自分たちは先行するユダヤ教、キリスト教に対する改革派を自任しており、ムハンマドが最後の預言者だという認識です。

ですから、三つの宗教では、神はもちろん、啓典や預言者の多くも共通しています。ユダヤ教で「ヘブライ語聖書」「トーラー」「モーセ五書」と呼ばれるものは、キリスト教が「旧約聖書」と呼ぶもののコアの部分です。それは、ユダヤ教徒にとってもキリスト教徒にとってもムスリムにとっても、大事な啓典です。イスラームでは、啓典を共有する民として、ユダヤ教徒、キリスト教徒のことを「啓典の民」と呼びます。

また、アブラハムやモーセ、イエスはムスリムから見ても預言者であり祖先です。アラビア語では、アブラハムはイブラーヒーム、モーセはムーサー、イエスはイーサーとなり、同じ預言者です。ただ、キリスト教では、イエスは預言者の一人ではなく、救世主（キリスト）という解釈です。

シオニズム以前は、三つの宗教は共存してきました。エルサレムを含む中東世界の各地の旧市街には、モスクとシナゴーグと教会が目と鼻の先に並んでいて、人々はそれぞれの礼拝所に通いながら同じスーク（市場）で買い物をしていました。アラブ世界（アラビア語圏）であれば、ムスリムもユダヤ教徒もキリスト教徒も、アラビア語を喋り、アラブの食生活を持つアラブ人です。みな一つの生活圏の中でくらしていました。

宗教対立はシオニズムによって持ち込まれたのです。

4

イスラエルはどのように建国されたのか（1）

イギリスの委任統治が決定的だった

1918年、第1次世界大戦でオスマン帝国に勝利したイギリスは、オスマン帝国領のアラブ地域（現在のパレスチナ、シリア、イラク、ヨルダン、アラビア半島にあたる地域）をフランスと分け合いました。イギリスは戦後すぐにパレスチナ支配を開始し、22年に国際連盟の承認を得てパレスチナ地域をイギリス委任統治領（実質的には植民地）にしました。シオニストの建国運動はそこから本格的にスタートします。

それまでは建国思想はあっても、オスマン帝国下では進みませんでした。パレスチナに国をつくりたいというのはヨーロッパのユダヤ人の都合ですから、オスマン帝国が受け入れるわけがなかったのです。

オスマン帝国の敗北が濃厚になっていた1917年には戦後を見据えて、イギリスがパレスチナにユダヤ人国家をつくることを支持する（厳密に言えば、「民族的郷土をつくることを支持する」）「バルフォア宣言」が出されました。

シオニズムのターニングポイントとして「バルフォア宣言」が象徴的に語られますが、パレスチナがイギリスの委任統治領になったことで、現実的な活動が始まります。イギリスのパレスチナ地域における植民地支配の一翼を担うという一致した利害のもとで、シオニストが入植活動を進め、国を建国できるというリアリティが出てきたのです。こうして1920年代にはシオニズム運動はイギリスの後押しを得て本格化していきます。

イギリスは今後国家になることを前提に、入植したユダヤ人たちに準国家的な政治経済の組織を整備していくことを認めました。これによりシオニストたちは1920年にはパレスチナのユダヤ人社会の運営方針を決める民族評議会ヴァアド・レウミを、そしてヒスタドルートという労働組合と、ハガナーという軍隊組織を発足させました。22年には世界シオニスト機構がパレスチナのユダヤ人共同体に設置した執行部がイギリス委任統治政府にユダヤ機関として承認されます。

こうして、入植したユダヤ人コミュニティは事実上、一定の自治政体としての制度づくりをしていきました。この過程についてはイスラエルの歴史家イラン・パペが『パレスチナの民族浄化』（法政大学出版局）で詳しく分析しています。

委任統治とは

ところで委任統治とは、国際連盟による委任を受けた統治ということです。このように国際社会からお墨付きを得る必要があったのは、一つには第1次世界大戦を契機に「民族自決」が世界的な了解となり、19世紀までのように、公然と「植民地支配」を掲げられなかったからです。

民族自決の原則に基づけば、委任統治とは、先住民がまだ十分に自立できないときに、独立できるまで国際連盟は他国に統治を委任するという意味です。本来の委任統治の意味からすると、イギリスに許されることは先住アラブ人がアラブ人国家をつくることを前提に、独立に向けてサポートするということです。

しかし、そのように進まなかったのは、委任統治が実際のところは植民地支配だからです。公然と植民地支配と言うことができないので帝国主義の国が示しあわせて委任統治という仮面、そのような体裁を整えただけということです。

実際には、イギリスは植民地支配の先兵としてのシオニストに便宜を図り、入植者のための庇護機関になっていました。

アラブ人の抵抗

一方でイギリスは、オスマン帝国からの独立を求めていたアラブに対して、1915年に戦後の独立を約束した「フサイン＝マクマホン協定」を結んでいました。これは第1次世界大戦でオスマン帝国の内部からアラブ人の反乱を促す取引として、メッカのアラブ人指導者フサイン・イブン・アリーとイギリスの駐エジプト高等弁務官ヘンリー・マクマホンとの間で結ばれた協定でした。しかしイギリスは周到にその協定の範囲からあらかじめパレスチナ・シリア地域などを除外していました。そして翌16年の英仏間でのサイクス＝ピコ協定ではシリア地域の領有をフランスに認め、さらにその翌17年のバルフォア宣言ではパレスチナにユダヤ人の郷土建設を認める余地を残しておきました。

そのため、内容が矛盾するいわゆる「三枚舌外交」にはなっていないものの、「アラブ独立」、つまりアラブ世界を一つの独立国家にするというアラブ・ナショナリズムを、そもそものフサイン＝マクマホン協定のときから切り崩していたのです（後にイギリスは支配下のアラブ地域をいくつもの国家に分割しました）。

したがってイギリスは、アラブ・ナショナリズムを否定したのみならず、パレスチナのアラブ人に対しては自決権も認めずに、ヨーロッパからの入植ユダヤ人コミュニティのほうに、より大きな自決権を認めていきました。アメリカの中東近現代史の研究者ラシード・ハーリディーは、パレスチナの闘いはここから始まっているとして、1917年を起点に100年にわたるシオニズムとの闘いを『パレスチナ戦争　入植者植民地主義と抵抗の百年史』（法政大学出版局）で詳細に明らかにしています。

当然、アラブ人の抵抗運動が起こります。自分たちは先住民なのに、どうしてヨーロッパからの入植者のほうが優遇されるのかと、激しい抵抗運動が起こりました。1920年にはイスラームの祭りの際にユダヤ人の入植に反対する蜂起があり（ナビー・ムーサー暴動）、21年にはユダヤ人労働者のメーデー行進に対するパレスチナ人の抗議が衝突に発展しました。29年にはユダヤ教の祝祭日にムスリムによる反対デモが組織され、それを鎮圧するイギリス当局も含めて、激しい暴力が行使されました（いわゆる「嘆きの壁事件」で、アラブ人もユダヤ人もそれぞれ100人以上が殺害されました)。

そこでイギリスは、先住アラブ人の抵抗を抑えながらシオニストの入植活動をどうサポートするのかの舵取りを求められるのですが、パレスチナに建国するというシオニストの主張と、そんなことは認められないというアラブの主張は当然ながら両立しません。したがって最終的にはイギリスの委任統治は破綻することになるのです。

5

イスラエルはどのように建国されたのか（2）

ナチスの台頭が後押し

その破綻が露呈するのが、1930年代です。ドイツでナチスが台頭してきて、パレスチナへのユダヤ人の避難民的な入植が増大します。それまでイギリスは、月何千人、年間何万人というように入植者の人数をコントロールしていたのですが、それが利かない事態になったのです。

入植者が増えた背景には、シオニストがナチスと結託していたということもあります。シオニストは入植者を増やしたいと思っていたので、ナチスがユダヤ人をパレスチナに追放する限りは利害が一致します。そのため、両者が共謀していた時期があったのです。ナチスのユダヤ人排斥が進み、絶滅収容所のガス室へ送るという段階になるとさすがにそれはなくなりますが（絶滅収容所に送るというところまではシオニストも想像していなかったわけですが）、パレスチナのユダヤ人人口を増やせるということで、一時期シオニストがナチスに協力していたことが指摘されています。

このことについては、ドイツ系ユダヤ人でアメリカに亡命したハンナ・アーレント（70ページ参照）が批判的な記事を１９６３年の『ザ・ニューヨーカー』に書き、ユダヤ人コミュニティから批判されたことがあります（この連載記事はのちに『エルサレムのアイヒマン』として単行本になりました）。

こうして入植者が急増したことから先住アラブ人の反発も激しくなり、１９３６年に「パレスチナ独立戦争」とも「パレスチナ・アラブ反乱」とも呼ばれる大規模かつ長期的な抵抗運動に発展します。

ナチス政権が成立した33年から36年にかけてユダヤ人人口が2倍になる勢いで流入したことを背景として、ユダヤ民族基金が強引に土地を買収し、多くのアラブ人農民が土地を失い貧困に陥りました。そうした中、抗議するアラブ人がシオニスト入植者を襲撃する事件と、それに対するユダヤ人側からの報復が起こり、さらに、それ以上にアラブ人の抵抗運動はイギリス統治政府・軍に向かい、それに対する軍・警察の弾圧が激化しました。一定程度沈静化するまで3年を要し、アラブ人側に５０００人もの死者が出たと見られています。

「パレスチナ分割」という発想が登場

パレスチナの情勢不安を受けて、イギリスはピール卿を代表とする調査チームを派遣します。１９３７年の報告書で、アラブ人の抵抗運動によりパレスチナの委任統治が困難になったことを理由に、イギリスはユダヤ人に15％の土地を分割するというパレスチナの分割案を出しました。このとき初めて、分割によってユダヤ人の国とアラブ人の国にパレスチナを分けるという具体案が出てきたのです。この土地の分割という発案が47年の国連パレスチナ分割決議に繋がります。

当然ですが、そんな分割をアラブ人は認めません。１９３７年の時点でシオニストが所有していた土地は、ほんの2～3％でした。そんなときに土地を二分するような案が出てくること自体、アラブ側には受け入れがたいものです。逆にシオニストの側は、所有面積をはるかに超えて土地が得られるので、「前進」として条件つきで承認しつつ、土地配分の拡大をさらに求めていくとしました。

結局イギリスはこの分割案を進めることができなくなったため、1939年、シオニストを支えてきた方針と矛盾する「マクドナルド白書」を一方的に発表します。それは「ピール分割案を撤回して、新たなユダヤ移民の入国とユダヤ人の土地購入を一定枠に制限する」というものでした。イギリスとしては、すでに相当数のユダヤ人が定住していることから、パレスチナにユダヤ人の「郷土」がつくられたと解釈し、これ以上の大きな変化や緊張を生じさせたくなかったのです。

これをユダヤ人国家からの「後退」と捉えたシオニスト組織は反英闘争へと転じ、イギリスはアラブ人とユダヤ人の双方から敵視されるようになり、統治能力を失いました。アラブ人から実力行使で土地を奪うために、そして強大なイギリス軍と戦うために、シオニストの主力軍ハガナーが武力強化しただけでなく、右派の武装組織のイルグンやそこからさらに分派した過激派組織のレヒなどが大きな役割を担うようになりました。

それと同時にシオニスト側は、イギリスを見限ってアメリカ合衆国を後ろ盾にするべく、アメリカに対してロビー活動を強めます。シオニストは1942年、ニューヨークでアメリカ・シオニスト特別会議（ビルトモア会議）を開き、アメリカに対して、ユダヤ人国家をパレスチナ——要求としては基本的には全土——につくることを支援するように求めました。アメリカはそれまではヨーロッパおよびその植民地に対して干渉しないというモンロー主義のスタンスでしたが、第2次世界大戦でヨーロッパ戦線に参戦して以降、中東地域に対してもイギリスに代わって帝国主義的な介入をするようになりました。シオニストの国家建設も、ユダヤ人国家を通してアラブ地域に介入する拠点として支持していくようになります。

欧米がパレスチナにすべておしつける

決定的だったのは、1945年に第2次世界大戦が終わったとき、かろうじてナチスの迫害から生き残ったユダヤ人難民約25万人が連合国の収容キャンプに保護されていたことでした。ユダヤ人の間ではパレスチナへの移民を希望する声があったものの、イギリスはマクドナルド白書に基づき、パレスチナへの移民制限を続けていました。また、ヨーロッパは戦火で荒廃して余力がないことに加え、東欧・中欧はじめ難民の故郷であった地域はまた排斥が起こるのではないかと受け入れを渋りました。それは西欧も同様でした。

移民大国と言われ、ユダヤ系人口の多いアメリカ合衆国は、ユダヤ人が増えることを不安定要因とみなし、第2次世界大戦中も戦後もユダヤ人移民の制限をしていました。すでに移民して成功していたユダヤ人コミュニティでも、同胞を受け入れることよりも、自分たちの社会的地位の安定を乱してほしくないという立場が優勢でした。欧米諸国のユダヤ人排斥は、第2次世界大戦終了後にも続いていたのです。

ホロコーストを生きのびた約25万人のユダヤ人難民をどうすればよいか。1945年、パレスチナ調査のための英米合同委員会が設立され、ユダヤ人難民、パレスチナに住むユダヤ人、アラブ人と協議を行います。名目上は英米合同委員会ですが、事実上はアメリカ主導でした。この委員会は、調査の結果として、ユダヤ人難民のうち10万人を即座に(すなわち土地の分割をせずに)パレスチナで受け入れることを勧告しました。ユダヤ人難民を自分たちでは受け入れたくない欧米の思惑を反映してのことです。この受け入れの勧告は、イギリス委任統治政府がパレスチナのさらなる混乱を引き起こすとして拒絶しますが、パレスチナ分割の大きな後押しになりました。

ヨーロッパにも都合がいい、アメリカにも都合がいい、シオニストにも都合がいい。そうしてすべての負の要素をパレスチナのアラブ人におしつけたのです。

6

イスラエルはどのように建国されたのか（3）

国連分割決議

英米合同委員会の調査が行われたのと同じ1945年の10月に国際連合が発足します。ユダヤ人の対イギリスへの武装抵抗は激しさを増し、イギリスは国連にパレスチナ問題をどうするかを諮り、事実上丸投げしてしまいます。そこで国連は47年5月にパレスチナ特別委員会（UNSCOP）を設置します。シオニズムの指導者たち（のちにイスラエルの初代首相となるダヴィド・ベングリオンや初代大統領となるハイム・ヴァイツマンら）は、委員会の調査に対し、パレスチナ全土でのユダヤ人国家創設を希望しつつ、一つの段階として、ユダヤ人が集団で入植し、農業や工業ができるような線引きであれば分割案を受け入れる用意があると回答しました。

これを機に、パレスチナ分割へと大きく舵が切られ、1947年11月29日、国連でパレスチナ分割決議が採択されました。それはアメリカ合衆国が積極的に多数派工作を行った結果でした(イギリスは投票を棄権しました)。国連の分割案はパレスチナの土地を「56%のユダヤ人国家」と「43%のアラブ人国家」とに分け、「エルサレムを国際管理」とするものでした。

国連で分割決議が採択されるや、イギリスは翌48年5月14日にパレスチナから撤退することを表明しました。

分割決議については二点注意が必要です。

一点目はシオニスト側がこの分割決議案を受け入れたことはないことです。分割決議の56%の土地でユダヤ人国家をつくると表明したことは一度もありません。

ダヴィド・ベングリオンは、すでに30年代にはパレスチナにつくるユダヤ人国家の青写真を描いていました。パレスチナの土地の100%を望んでいたものの、

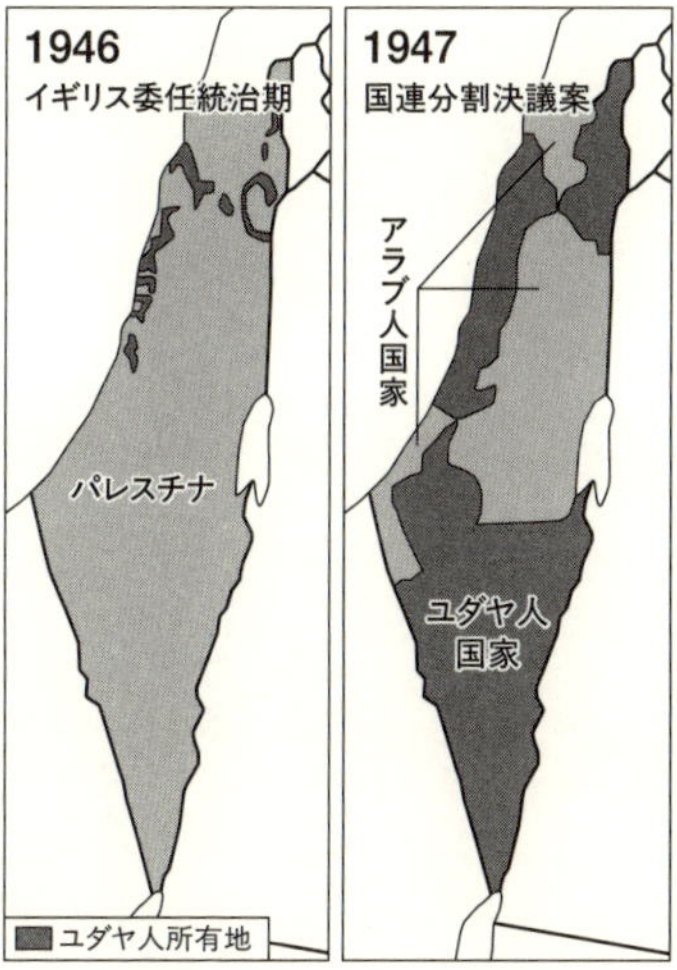

自分たちの力量や国際情勢、周辺アラブ諸国の力関係、隣接するエジプトやヨルダンの動向を考えて、ベングリオンは8割の土地の獲得を目標としました。さらにユダヤ人国家としての安定性を得るために、獲得した8割の土地のユダヤ人人口比が8割になるよう、アラブ人追放の計画を立てました。アラブ人のほうが圧倒的に多いので、単に移民しただけでは混住国家にしかならないからです。

この「8割の土地、8割のユダヤ人人口比」も無茶な話です。8割の土地を得て、そこの住民の大半を追放しなければ、ユダヤ人の人口が8割にはなりません。シオニストの狙いは、ユダヤ人国家設立の正当性を得る名目として分割決議を利用し、「8割の土地、8割のユダヤ人人口比」を目指していくことだったのです。

国連決議について注意が必要なもう一点は、「56%の土地をユダヤ人国家」にするのであって、「ユダヤ人だけの国」にするとは言っていないことです。56%というのは、ユダヤ人が移住していい場所であって、ユダヤ人だけの国家のための土地とは言っていないのです。ですから、先住アラブ人を追放することは一切許されていません。あたかも56%がユダヤ人だけの国、残りのエルサレムを除いた43%がアラブ人だけの国と国連が決議したかのように語るのは正しくありません。

戦闘が始まる

1947年11月29日に分割決議がなされるや、この分割に不満のある双方によって、即、戦闘が始まりました。イギリスが翌年の撤退を表明し、統治者としての責任を放棄したので、権力の空白が生じ、シオニスト側は軍事力で土地をどれだけ奪取できるのか、アラブ側はそれを阻止できるのか、それが衝突する事態になったのです。

シオニストが建国宣言をした1948年5月14日は、イギリスがパレスチナ委任統治領から撤退した日です。シリア、レバノン、ヨルダン、エジプトなど周辺のアラブ諸国はイスラエル建国宣言を受け、同日に宣戦布告を行いますが（第1次中東戦争）、すでに戦闘は始まっていて、建国宣言も宣戦布告もそのさなかに行われたのです。

シオニスト軍（建国宣言以降は新生イスラエル軍）は、戦闘を開始するや、エルサレム奪還に突き進みました。分割決議ではエルサレムがヨルダン川西岸地区

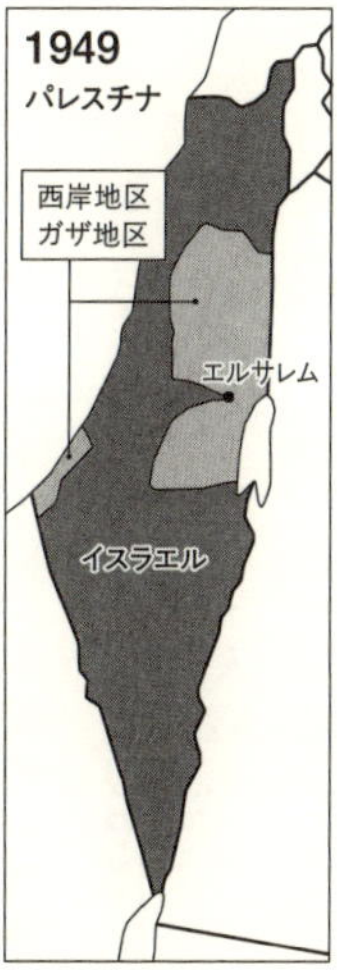

の中に取り囲まれ、国際管理とされていたためです。シオニスト軍は世界シオニスト機構を通して得た資金で欧米諸国から武器を購入し、アラブ勢力を物量で凌駕する武力で優位に戦局を進めました。南部ではエジプト軍を撃退して国連の分割案を越えて侵攻し、アラブ人をどんどん追いやって、避難するアラブ人をガザ方面に追い込みました。こうして人口の7割が難民というガザ地区の状況がつくられました。

1949年2月から7月にかけて各国が休戦協定を結びましたが、その時点でイスラエルは、国連決議の56%どころではない78%の土地を獲得し、その土地でのユダヤ人人口比を最大限に高めました。このときの休戦ラインはグリーンラインと呼ばれ、実質的にイスラエルの国境となりました。西岸地区が前ページの地図のような形になったのは、エルサレムにつながる領土を確保する一方、その周辺は多くのアラブ人が住む土地だったので、獲得するとアラブ人の人口比が増えてしまうことが理由でした。ベングリオンが「8割が現実的」と言ったのは、そういう意味もあったのです。そこで小さく刈り込んだ西岸地区などに、逃げ込んだ難民も含めてアラブ人を押し込めました。

イスラエルに8割近い土地をとられたことに対して、「アラブ側が国連の分割決議を受け入れていればよかったのに」と言われることもよくあるのですが、いまお話ししたようにシオニスト側が56％でいいと言ったことは一度もなく、パレスチナの土地の最低8割、欲望としては全土というのがあったのですから、それは的外れです。

また、高校の世界史の教科書では、「分割案を不当だとして認めないアラブ側は、分割案を歓迎したユダヤ側が5月14日にイスラエル建国を宣言するや、それに反対して攻め入ったが、負けたのでイスラエルが78％の土地を得てイスラエル国家になった」というような説明がされていますが、これも分割決議をめぐる通説の大きな間違いです。

先述のように、シオニストは国際連合がユダヤ人国家を認めたということで、分割決議を名目上は「大きな前進」としましたが、56％という分割線にも、先住民を追い出してはいけないということにも納得しておらず、最初から守る気は毛頭なかったのです。

民族浄化が行われパレスチナ難民が生まれた

シオニストは1920年代から30年代にかけて、パレスチナにあるすべての村について、綿密に調査しファイルを作成していきました。立地、家屋や道路の配置、土地の所有者、産業、人口、長老、そして近隣の村々との関わりなどを調べ、どうやってアラブ人を追放するかという計画を立てたのです。まずは、土地の所有者が遠方にいる場合は（ヨルダンやシリアにいる地主が委任統治によって所有地と分断されてしまうこともありました）、その土地を買収し、実際に村でくらしている借地住民を追い出すという手法を取りました。ハガナーが武力で村を占拠して住民を追放するといったことは、30年代末のアラブ大反乱のときから見られるようになりましたが、まだ限定的なものでした。

しかしこの手法でユダヤ人の所有となった土地は、１９４７年の分割決議前の

ナクバにより、アル・ファルージャ村から脱出するパレスチナ人の家族 ©United Nations 1949

時点でパレスチナ全土のわずか6％にすぎませんでした。これではとうてい「国家」には届かないことが明らかだったので、分割決議直後から起きた大規模な戦闘（公的には48年5月からの第1次中東戦争）を絶好の好機として、一気に大半のアラブ人を追放することにしました。

それは、狙いを定めたパレスチナの8割の地域から先住アラブ人を追放するという大規模な民族浄化でした。民族浄化とはある地域からあらゆる手段を使って特定の民族集団を排除しようとすることです。48年4月にエルサレム近郊のデイル・ヤーシーン村で虐殺を行い、それを宣伝して人々の恐怖心を煽って周辺の村の住民を逃げさせたり、隊列を組んでパレスチナ人を追い立て、レバノンやヨルダンまで追放したりしました。

アラブ人たちは多くの人が一時的な避難で、戦火が収まれば戻るつもりでしたが、一旦逃げたら最後、戻れませんでした。シオニストは最初からアラブ人を追い出して戻さない計画でしたが、「アラブ人が勝手に逃げたのだ」と言いました。

このようにしてパレスチナ難民が生まれました。およそ80万〜90万人が住んでいた場所を追われてガザ地区、ヨルダン川西岸地区のほか、ヨルダン、シリア、レバノン、エジプトなどの周辺諸国に避難し、難民となりました。

当時のパレスチナの総人口は約２００万人で、アラブ人は１４０万人、ユダヤ人は60万人でしたが、１９４９年の第1次中東戦争休戦時点では、ひとまず画定したイスラエル領に残ることができたアラブ人はわずか15万人でした。他方でユダヤ人人口は約70万人まで増えたため、新生イスラエルでのユダヤ人の占める人口比は8割に達し、ベングリオンが目標として掲げた「パレスチナの8割の土地に8割のユダヤ人」を有言実行したのでした。

逆にパレスチナのアラブ人社会は、決定的に破壊され、乗っ取られてしまいました。このことを、パレスチナの人は「ナクバ」（アラビア語で「破滅・大災厄」）と呼んでいます。

7

国際社会の責任とは

大国の都合

パレスチナ分割決議を採択して、パレスチナ難民を生む直接的な契機をつくった国連の責任は大きいと言わざるを得ません。分割決議ではアラブ人の追放は認めておらず、シオニストが暴力的に追いやったというのが事実ですが、シオニストたちがそういった行動をとることは予測できたことです。

国際連合とは「ユナイテッド・ネイションズ（連合諸国）」です。日本語では「国際連合」と訳されましたが、戦争中は連合国だった国々です。戦後世界の安全保障や社会経済の問題に取り組む国際的な機関として、アメリカ合衆国主導でつくられました。戦勝国の中国、フランス、ソ連（当時）、イギリス、アメリカには常任理事国として拒否権が与えられました。

国連においてパレスチナ分割案に関して影響力が大きかったのが、委任統治国であったイギリスと、イギリスに代わり介入するようになったアメリカ、そしてアメリカとの対立関係が生じてきたソ連でした。イギリス、アメリカの後ろ盾でつくられた国が両国の陣営に入るのは明らかですから、ソ連は当初はユダヤ人国家の建設を批判していました。ところが、決議ではソ連も賛成に回りました。

これはパレスチナ、そして隣接するエジプトへの影響力も見越しての行動だったと言えます。当時はイギリスがまだエジプトのスエズ運河を支配していたため、ソ連はイギリスの撤退を促し、周辺諸国でのイギリスの影響力を削いで、隣接するパレスチナの地に建国されるイスラエルで力を示したかったものと思います。もしソ連が反対したまま分割が進めば、新生イスラエルもエジプトもともに英米の勢力圏になってしまうのですから。

実際にエジプトは1952年にイギリスを排除して革命を起こしてからはソ連に接近、56年にスエズ運河の国有化を宣言します。そして、それがきっかけで英仏・イスラエルによる第2次中東戦争に発展することになりました。

パレスチナがここまで大国の思惑に翻弄された背景には、第1次世界大戦でオスマン帝国が敗れたというだけではなく、その際に、ヨーロッパの列強がオスマン帝国のアラブ地域を意図的にバラバラにしたことがあります。オスマン帝国崩壊後、本来であれば「アラブは一つ」というアラブ・ナショナリズムによって独立国家になるところを、イギリス、フランスが中心となって線引きをして分断し、その地方の有力者を王に据えて、クウェート、サウジアラビア、アラブ首長国連邦、ヨルダン、レバノン、シリアというアラブ諸国家体制をつくりました。

そのようにして、イギリスやフランスのサポートなしには成り立たない政治体制と軍事体制を持つアラブ諸国を人為的につくってしまった。パレスチナの大義やアラブの大義ではなくて、まずは自国の政権をいかに維持するのかということに腐心するしかないようなバラバラの諸国家体制が意図的につくられていたのです。「分断して統治せよ＝ディバイド・アンド・ルール」を徹底させた英仏側が圧倒的に上手《うわて》だったと言えます。

グレート・ゲーム

イスラエル建国をめぐる問題を「グレート・ゲーム」の視点から見ると、日本の関与を指摘することができます。グレート・ゲームとは、狭義にはアフガニスタンの支配をめぐる、ロシア帝国と大英帝国の長年にわたる争いのことです。チェスの盤上での攻防になぞらえてそう呼ばれるようになりました。

ロシア帝国が中央アジアからインド洋に出る南下政策に対して、英領インドを擁する大英帝国がその動きを抑える。英領インドからアフガニスタン、イラン、イラク、オスマン帝国、クリミア半島、ウクライナまで、そうやって両国の利害がぶつかり合い続けました。

このことに日本も無関係ではありません。というのは、イギリスは香港を手に入れ、上海に租界を設置するなど、中国に対しても植民地主義的に利権を確保していましたが、ロシアとの対決に戦力を集中させるために日本と取引をしたのです。日本も東アジアにおいてロシアとの覇権争いに集中したいので、イギリスとの争いを避けたかった。利害が一致したことから、東アジアとりわけ朝鮮半島に対する日本の利権を優先し、日本はイギリスの中国利権を尊重するという第1次日英同盟（1902年）と、やはり日本の朝鮮利権をイギリスが尊重し、英領インドよりも西のイギリス利権を日本が尊重するという第2次日英同盟（05年）を結びました。その結果として、日本は日露戦争に勝利して朝鮮半島を植民地支配することができました。

よく、アフガニスタンや中東地域の諸悪の根源はイギリスとアメリカだと言われますが、日本がアフガニスタンよりも西に侵攻しなかったのは、東アジアでの植民地利権を最大限に広げるためにイギリスと取引をしていたからです。日英同盟のときから大英帝国と大日本帝国は共犯関係にあります。

さらにその流れで、第1次世界大戦後、日本はイギリス、フランスとともに戦勝国になり、オスマン帝国とともに負けたドイツ帝国の植民地だった南洋群島を手に入れ、やはり国際連盟に委任統治を認められました。日本は南洋群島の委任統治を認めてもらうから、日本もパレスチナのイギリス委任統治を認める、という取引をしたわけです。ですから、日本はイギリスのパレスチナ支配に責任があるのです。

1948年帝国主義の再編

世界情勢の中でパレスチナの分割＝イスラエル建国を見ると、同時期に、以下のように世界のさまざまなところで分断が起きています。

47年：国連パレスチナ分割決議、48年：イスラエル建国

47年：インド・パキスタン、イギリス支配から分離独立、48年：第1次印パ戦争
48年：南北朝鮮の分断
48年：ベルリン封鎖、49年：東西ドイツ分断
48年：南アフリカ国民党、アパルトヘイト政策の綱領化
49年：二つの中国の分断

これらすべての分断について詳しく見ることはしませんが、同じ枢軸国として敗戦したドイツが東西に分断されたのに、なぜ日本は分断されず、日本から解放されたはずの朝鮮半島が分断されて、いまもなお分断が続いているのか、ということを考える必要があります。

敗戦した日本は連合軍のアメリカ、イギリス、ソ連、中国（中華民国）の4カ国で分割される案がありました。左ページの図は一つの青写真です。

ソ連は帝政ロシアの時代から東アジアの利権を求めてきました。日露戦争は朝鮮半島の利権をめぐる戦いでした。第2次世界大戦で対日参戦をしたソ連は戦後の日本統治において北海道を要求しましたが、アメリカは単独占領にこだわりこれを拒否します。それに対

して日本から解放されるべき朝鮮半島においては、米ソはすんなりと分割統治で妥協します。その結果、両陣営の対立が深化した1948年、南北で分断国家ができることになりました。

朝鮮の植民地支配の責任を負っているのは日本です。そして日本は敗戦国です。その日本がアメリカの都合で分断されない代わりとして、朝鮮半島の分断が大国同士で合意されたのです。日本が植民地支配していた朝鮮の脱植民地化の過程で、日本が分断されないことの身代わりとなったと言えます。

いずれも1948年に、パレスチナ分割を経てイスラエルが建国されたことと、

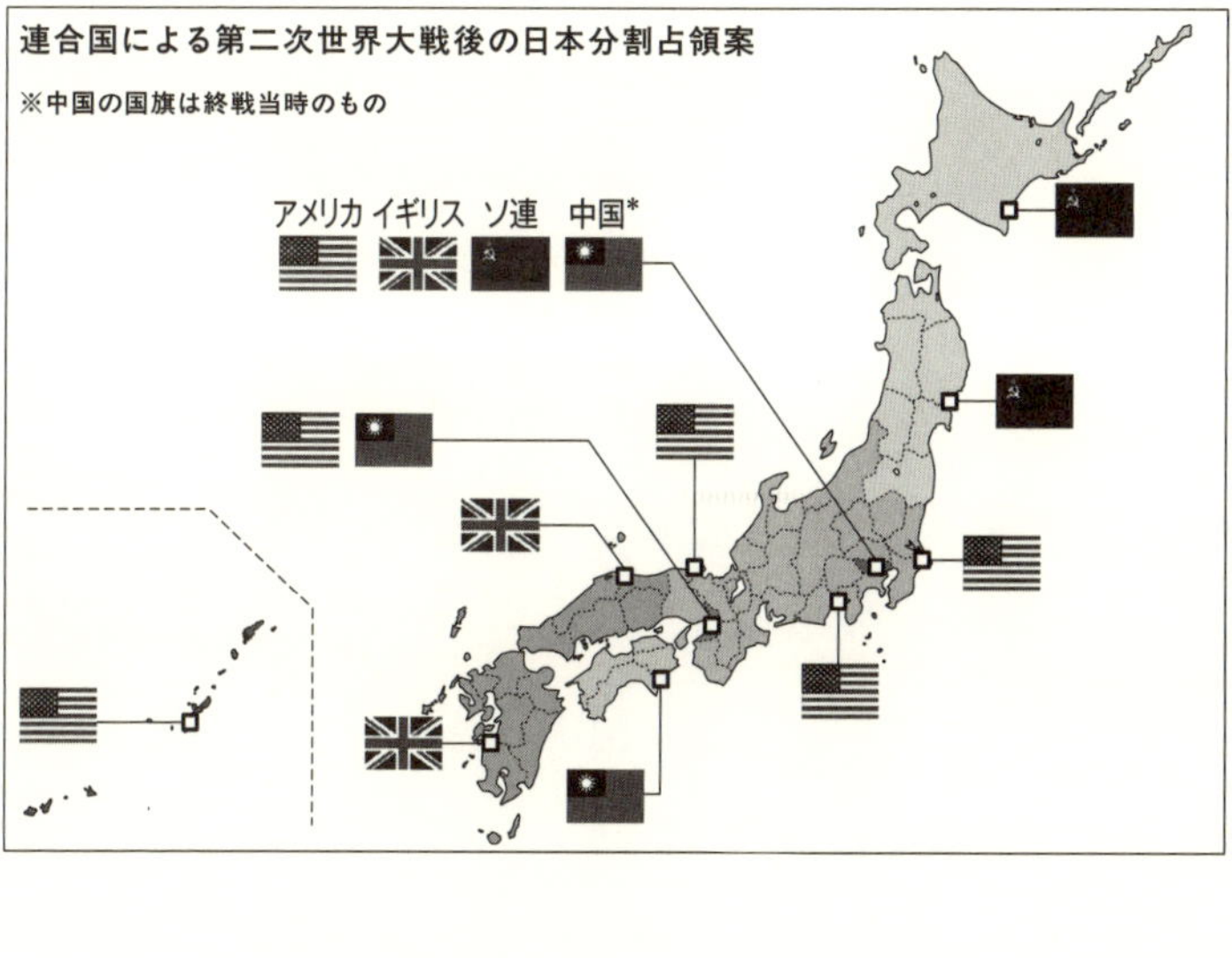

朝鮮半島が南北に分断されたことは、帝国主義と植民地主義、とりわけポスト・コロニアリズムの問題として共通しています。

先ほど、委任統治は本来であれば民族自決の原則のもとで先住民が独立するまでを支えることだったとお話ししました。本来であればパレスチナはイギリスの委任統治という植民地から脱して、分割されずにパレスチナに住んでいるアラブ人の国家として独立することが筋だったのに、イギリスの植民地主義の尖兵として入植したユダヤ人たちに土地を分割して、植民地主義が敢行されました。

日本の植民地だった朝鮮も植民地支配を脱して独立することが筋だったのに、帝国の利害で分断されてしまいました。どちらも脱植民地化の過程で、意図的に歪められた結果であるというところで通じています。

8

イスラエル建国に対する世界の思想は

ヨーロッパ思想家の限界

パレスチナ／イスラエル問題は、地域紛争というレベルではなく、国家とは何か、国民国家（ネーション＝ステート）とは何かに関わる問題です。国民国家という国の形を生み出したヨーロッパの「リベラル」「先進的」「合理的」「理性的」とされた哲学思想が、ここで強く問われました。

ヨーロッパの思想家の多くが、はっきりとシオニズムに与《くみ》し、かつ建国された後のユダヤ人国家としてのイスラエルを、近代のナショナリズムに基づいた国家であるとしました。哲学とは、自明の存在や自然化した観念を疑い、その根底から批判的に思考し直す営みですから、時代や地域を超越した普遍性を有すると考えられています。しかしじつのところ、ヨーロッパの哲学者たちは、ヨーロッパ中心主義者であったり、愛国主義者であったりして、レイシズム（人種差別）やナショナリズムに対して批判的ではありませんでした。

そのため、一見したところ普遍的な主題を論じた哲学思想が、実際には無批判にヨーロッパ中心主義的な偏見を含んでいることもありました。

たとえば、『純粋理性批判』を書いたカント（1724〜1804）は「ニグロ（アフリカ人）には理性はない」と書いたり、そのカントの影響を受けたドイツ観念論の哲学者フィヒテ（1762〜1814）はナポレオン占領下のドイツにおいて『ドイツ国民に告ぐ』という愛国心と自文化の優越性を説く本を書いたりしました。フィヒテと同時期の哲学者ヘーゲル（1770〜1831）も国家が理性の究極的な実務形態だとして、しかもそれがアジアや中東の遅れた古い思想からギリシャ、そしてドイツへと発展して完成したという、ヨーロッパ中心の進歩史観で哲学史を語りました。ハイデガー（1889〜1976）は、ナチス政権下でナチスに入党し、その哲学がナチズムと親和的だと言われました。

こうしたヨーロッパ思想は、ユダヤ系のドイツ人（ないしドイツ系のユダヤ人）やユダヤ系のフランス人（フランス系のユダヤ人）の思考に、カッコ付きの「普遍主義」つまりヨーロッパへの同化主義か、それともユダヤ思想の特殊主義か、というダブルバインドをもたらしました。そして、第1次世界大戦ごろからイスラエル建国期にかけてのシオニズム運動の展開期において、多くのユダヤ系の哲学者たちは、新しいナショナルな思想を、つまりユダヤ人国家を肯定する思想を求めるようになっていきました。

そういった思想的な背景の中から、シオニズム運動によって、大学の研究者などが建国前のパレスチナ、あるいは建国直後のイスラエルに移民をして、ユダヤ人国家のナショナル・アイデンティティを立ち上げていきました。

そういう人の中には、パレスチナの地において、アラブ人もユダヤ人も対等な立場で一つの国をつくろうという「バイナショナリズム（二民族共存国家論）」、あるいは実質的に同じことですが「一国家解決」の立場の人も多くいました。

一方で、大学の役割はナショナリズムやユダヤ人国家を正当化し支えることだと考える人も多くいました。彼らはヘブライ大学（エルサレムに1925年に創立された大学）こそが新しい国家の基盤になるべきだとして、エリエゼル・ベン・イェフダー（1858〜1922）が古代ヘブライ語に現代諸語の文法や語彙を利用して創出していた現代ヘブライ語を新しい国語（ナショナル・ランゲージ）として採用し、ヘブライ大学を中心に、ナショナルな学問・価値観を生み出そうとしました。

来たるべきユダヤ人国家の国語はどうあるべきかの論争では、東欧地域のユダヤ人の言語であったイディッシュ語や、あるいは英語やドイツ語などのヨーロッパ言語を採用すべきという主張もあり、紛糾した末に、新しいユダヤ民族の創出にふさわしい現代ヘブライ語が採用されたのです。ここには、現代ヘブライ語の「復活」であるという演出も入り、ユダヤ人の「離散と帰還」の神話にも都合が良かったという面もありました。そして、近代的な学問を近代ユダヤ人国家にふさわしいものにするべく、カントやフィヒテなどのヨーロッパ哲学の古典などを新しいヘブライ語に翻訳し、新生イスラエルのナショナル・アイデンティティを形づくっていきました。

ハンナ・アーレント

そうした中、ユダヤ人であるハンナ・アーレントとマルティン・ブーバーは、ユダヤ・ナショナリズムには共感を示しつつも、政治シオニストによるユダヤ人だけの国家にするという計画に対しては強く批判しました。

ハンナ・アーレント（1906～1975）は、ドイツ系ユダヤ人で、第2次世界大戦中に迫害を受けフランスに亡命、さらにフランスがドイツに占領されると、アメリカに亡命した哲学者です。アーレントは一時期はユダヤ人のパレスチナへの移民運動にも関わりを持っていました。ユダヤ人がパレスチナ地域に心情的な繋がりを持ち、そこに移民をする人がいても良しとしているという意味ではシオニストであるという面はあります。それでもパレスチナの土地を分割してユダヤ人だけの国をつくることには強く反対し、最後まで国連で分割決議が否決されるように訴えました。

アーレントはパレスチナを分割することも、ユダヤ人だけの国をつくることも不当で、純粋なユダヤ人国家は必ず破綻するだろうし、先住アラブ人を難民化させ、今後何十年も解決不能な悲劇を生むと見通して批判しました（『全体主義の起源』1951年）。

アーレントがそのように正確に判断をなし得たのは、自分自身が難民化した経験、自分が亡命者になった経験があり、それが人間にどのような不安定さをもたらすか、どのような分断を生み出すかを、身をもって知っていたからだと思います。

アーレントの「パーリアとしてのユダヤ人」という論考があります。「パーリア」とは追放された者、抑圧された者という意味です。パーリアとしてのユダヤ人が、それを克服する道を国民化に求め、自分たちも国民になろうというのがシオニズムです。アーレントは「そこの国民はユダヤ人だ」と言ったときに非ユダヤ人はどうなるのか、それは自分たちがヨーロッパで非国民化されたように、誰かを非国民化することになり、イスラエルにおいてパレスチナ人を非国民化することは避けられないという判断があったのだと思います。

マルティン・ブーバー

オーストリア出身の宗教哲学者マルティン・ブーバー(1878〜1965)は自身がナチスに追われていたこともありパレスチナに移住し、イスラエルが建国された後も住み続けました。アーレントよりもシオニスト寄りと言えますが、ブーバーも分割には反対でした。彼はパレスチナの入植者ユダヤ人コミュニティの中に住みながら、「ユダヤ人だけの国家」には反対して、「あくまで共存の一国家を」と訴え続けました。

マルティン・ブーバーは『我と汝』(1923年)の中で、絶対的な神のもとでの他者(汝)との間は対等な対話関係ができるのだから、身分も超えて対話が成立する、としています。この思想は市民社会や民主主義に通じます。これは神の前での対等性というような抽象的な話ではなくて、ヨーロッパの近代において、ユダヤ教徒という他者化される自分とマジョリティのキリスト教徒との間で対等な対話関係が成り立つかという、実践的で差し迫った課題に対する哲学的な応答だと思います。

　これは、移民した先のパレスチナにおいて、自分たち移民ユダヤ教徒と先住のアラブ人の共存、一方がマジョリティで、一方がマイノリティとしての存在を許されるのではなく、対等な対話関係の中で、対等な二民族共存が成り立つのかということにも通じます。これはヨーロッパにいるときも、パレスチナに移民した後も、ブーバーの一貫した思想的課題だったのだと思います。

　パレスチナ人との共存を考える移住ユダヤ人は稀有な存在ですが、それでもブーバーがシオニストであったことも確かです。ヨーロッパから来た入植者が先住民に対して「対等であろう」というのは、自身の暴力性や権力性に関しての認識が不十分です。ブーバーがヨーロッパで培った「対等」「対話」という自らの思想的原則を、異なる政治的・歴史的文脈を軽視して、機械的にパレスチナに当てはめたためだと思います。

　1938年にマハトマ・ガンジーが「入植は侵略と同じだ」と指摘をし、シオニズム運動を根底から批判しました。パレスチナでアラブ人の抵抗運動が激化している時期に、ガンジーは「非暴力」の思想から、シオニスト入植者がパレスチナに暴力を持ち込んでいることを批判したわけです。これに対してブーバーは公開書簡で応答し、ガンジーがヨーロッパにおいてユダヤ人が受けている暴力を見ていないこと、少なくとも自分はパレスチナの地を独占しようとしているわけではないこと、アラブ人との共生のために奉仕したいと望んでいることを表明しました。

これはブーバー個人について言えば、最大限の誠実さを示したものと言えるかもしれませんが、しかし土地の「独占」はブーバーの主張とは裏腹にベングリオンら主流派のシオニストらによって着々と進められていたのでした。

迫害されてきた存在としての自分たちが、今度は自分たちの国をつくるということに対して、アーレントやブーバーのように批判的になるかどうか。

周縁や境界に追い込まれた人が、マイノリティであるが故にマジョリティになることで被抑圧を逃れようとか、差別する側に回ることで差別から免れようという構図はよくあります。マジョリティになることで自分の被迫害から免れようとするのか、あるいはその構造自体をおかしいと思って、マジョリティ／マイノリティ、支配／被支配、抑圧／被抑圧の関係性自体を越えようとするのか。

共存の一国家を求めたアーレントやブーバーと、ユダヤ人だけの国家を求めたシオニスト思想家たちとの違いは、自らのヨーロッパにおける被迫害の経験を別の文脈にも重ねることができるかどうか、自分が排除する側になった場合、どういう暴力が働くかに想像力が働くかどうかだと思います。

１９４７年から48年にかけての分割決議や建国をめぐって、どういうスタンスを示すのかということは、その思想が問われる瞬間でした。

第2部

1948年〜90年代

イスラエルはどんな国か

占領政策、オスロ合意まで

1

建国されたイスラエルはどんなところか

誰のための国なのか

シオニストによる建国運動は、世界のユダヤ人が潜在的に「帰還」できる国を建設するということでもありました。現実に建国に向けた活動が始まると、土地の購入やさまざまな建設関係、武器など、コミュニティをつくるにせよ、軍隊をつくるにせよ、シオニストは世界シオニスト機構を通して支援者である世界各地のユダヤ人から資金を得ていました。

そのため、イスラエルは、その土地に住む人のための国でもあるのですが、世界のユダヤ人のための国という面があります。実際にイスラエルは、ユダヤ人は移民してイスラエル国籍を得ることができるという「帰還法」を国の土台としています。

イスラエルという国の本質に関わることですが、いったい誰のための国なのかという問題があるのです。世界シオニスト機構は、世界中のユダヤ人のための国だからサポートしているのだ、と言って要望を出してきます。ところが現実のイスラエル政治を担っている人からすると、国内に住んでいるユダヤ人の世論を優先的に考えないわけにはいきません(イスラエル国籍を持つアラブ市民については、「二級市民」とみなして本来的な意思決定に関わる存在として考えていません)。

一般的な国家は、そこにくらす住民のための国と言えますが、イスラエルの場合は、そうとは言い切れない問題を、建国前からずっと抱えています。イスラエルがつくられたときから、そこに住んでいない人のための入植国家だったわけで、矛盾、アンビバレントな二律背反をずっと抱えている国であると言えます。

ユダヤ人のための国とは

1948年5月14日に発表された建国宣言では、次のように明確にユダヤ人の国として建国することを宣言しています。

われわれ国民評議会のメンバーは、エレツ・イスラエルにおけるユダヤ人社会と世界のシオニズム運動を代表して（略）ユダヤ人国家・イスラエルの建設を宣言する。

「エレツ・イスラエル」とは「イスラエルの地」という意味のヘブライ語で、つまりパレスチナのことです。宣言を書いている時点ではまだイスラエル国家になっていないので、このような言い方をしているのです。そして「世界のシオニズム運動を代表して」は、これから移民してくる世界中のユダヤ人のために、という意味で書かれています。

一方で、建国宣言の中には、「すべての住民の利益のために」「宗教、人種、性別に関わりなく、すべての住民に社会的・政治的諸権利の完全な平等を保障する」と、先住のアラブ人あるいは非ユダヤ人の権利を認めると読めることも書き記しています。

「ユダヤ人国家」と規定しながら、「すべての住民に完全な平等を保障する」というのは矛盾しています。なぜならイスラエル国家に移民することが認められているのはユダヤ人のみで、非ユダヤ人の移民は認められていないからです。もちろん追放されたパレスチナ人の帰還権も認められていません。実際、建国後には先住アラブ人には居住地域や建物の建築許可、土地の造成・開墾に厳しい制限を課しています。「宗教、人種に関わりなく」

という言葉を額面通りに受けとめることはできません。

ここで「ユダヤ人の国」と言うときの「ユダヤ人」とは誰か？　という問題があります。ユダヤ教は母系社会です。イスラエルの帰還法では、ユダヤ人とはユダヤ人の母親から生まれた人とする定義があります。その他に、ユダヤ教に改宗し、他の宗教の信者ではない人をユダヤ人とすると定められています。

また、四祖父母のうち誰かがユダヤ人であれば、ユダヤ人としてイスラエルへの移住（「帰還」）を認めることになっています（帰還法では「ユダヤ人の子及び孫、ユダヤ人の子又は孫の配偶者」としています）。ナチスがニュルンベルク法で、四祖父母のうちの誰かがユダヤ人である者をユダヤ人として収容所送りにしたのだから、新生イスラエルはユダヤ人として排斥された人たちの保護国として移民を認めるべきだということで、この定義も採用しています。

つまり、ユダヤ人は誰かということは、基準がいくつもあり、可変的であり、明確にできないということです。ときに矛盾する定義があり、揺れがあったりします。「ユダヤ人になる」という、変わり得る要素もあります。その変わり得ることの中には、主体的に

「なる」こともあるし、何らかの外圧や外部的な事情によることもあり得ます。定義が変われば、突然、ユダヤ人だと言われたり、ユダヤ人ではないと言われたりということも起こり得るわけです。

そういう意味においてヨーロッパの反ユダヤ主義が横行し始めたときから、ユダヤ人の定義は危ういものでした。第1部でお話ししましたが、イベリア半島の純キリスト教化の過程で、信仰上ユダヤ教徒であることと、血がユダヤ人であることが混ざる瞬間がありました。信仰の問題なら、改宗した人はユダヤ人ではないはずなのに、「あいつは元ユダヤ人だ」「信仰が変わったと言っても血は変わらない」と言われ、ユダヤ人化されたのです。

そうやって血筋を辿るような出来事が起こるということは、本人のアイデンティティと関係なく、「○代前で改宗があったことは記録に残っているからお前はユダヤ人だ」というような、本人もまったく知らないところで定義づけられることもあったのです。

いくつもの基準があって、はっきり定義できない「ユダヤ人」のための国であるイスラエルは、誰がユダヤ人なのかという問題に直面し続けています。それについては、「イスラエルには誰が住んでいるのか」（91ページ〜）でもお話しします。

イスラエルによるアイデンティティに対する暴力

イスラエルによる「ユダヤ人」の定義についてもう一点、触れておきたいことがあります。

イスラエルが建国される前のパレスチナを含むアラブ地域には、アラブ人のユダヤ教徒、アラブ人のキリスト教徒、アラブ人のムスリムがいました。つまり、パレスチナに住むユダヤ教徒の多くはアラビア語を話し、アラブ文化を持つアラブ民族でした。

ところが、そこに建国されたイスラエルはそれを否定して、「ムスリムとキリスト教徒はアラブ人＝パレスチナ人」であり「ユダヤ教徒はアラブ人ではなくユダヤ人」だとして、「ユダヤ教徒でありアラブ人でもある」という複合的なアイデンティティを否定し、暴力的に一つのアイデンティティに収めることをしたのです。

１９５０年代からイスラエルに住むユダヤ人の中には、イラクやモロッコなどアラブ各地からの移民政策で移住してきたアラブ系ユダヤ教徒も多くいます。ところが、イスラエルがユダヤ教徒はアラブ人ではなく「ユダヤ人」だとしているために、家の中で親や祖父母がアラビア語を喋り、アラブの食文化を持っているのに、外に出たら必死にそれを隠し、否定しなければいけないということが、イスラエル建国後にはあちこちで生じました。

2

イスラエルの産業とは

イスラエルの産業は、建国当初は農業および軽工業が中心で、１９８０～90年代になって「中東のシリコンバレー」と言われるようにＩＴ分野が非常に発展し、さらに、軍事分野が発展してきたという大きな流れがあります。

キブツ

イスラエル建国以前、シオニズム的入植運動の初期から、「キブツ」と呼ばれる自給的で共同所有的な農業共同体が重要な位置を占めました。これは、大規模な移民の生活を支えるための食料生産という現実的必要性に加えて、パレスチナの各地にそうした入植村を配置することで領土を確保するという安全保障上の必要性、そして移住者であるユダヤ人がパレスチナに根づいていることを示すイメージ戦略上の必要性に基づいていました。

初期の移民は東欧・中欧地域出身の労働者階級が多く、キブツは社会主義的な労働組合運動としての役割も果たしていました。そのため、初期のシオニズム運動では、キブツや労働組合を基盤とする「労働シオニスト」が主流派を占めました。

この労働シオニストたちは1930年に「エレツ・イスラエル労働者党」、略称マパイを結党し、ユダヤ人国家建設を担っていきます。そして建国後の68年にはマパイを中心にシオニスト左派の諸派が合流して「労働党」へ発展し、20世紀を通してイスラエルの主要政党であり続けました。初代首相のベングリオンから93年のオスロ合意のときの首相のラビンに至るまでのイスラエルの主流派が、マパイそして労働党の出身です。

ただしキブツへの社会主義思想の影響はせいぜい1920年代までで、30年代以降は組合運動で労働者の動員に使われた程度で、ユダヤ人コミュニティの経済社会でキブツが占めていた割合はきわめて限定的でした（全労働者の1割未満）。ほとんどの生産現場は資本主義的で、土地買収などの資金を外部のユダヤ人団体に頼り、また農業経営者として地元のアラブ人を安く雇うことさえありました。

しかし、キブツはユダヤ人コミュニティの、ひいては建国後のイスラエル国家の自立や平等、土地に根づいた存在であることを象徴する重要な役割を持ち続けました。イスラエル国家が建国宣言に書かれた「すべての住民の完全な平等」という理念を最初から裏切っていたからこそ、キブツに理想を投影していたのです。

収奪した農業

シオニズムのユダヤ人移民が到来する以前から、パレスチナには豊かな農業がありました。オリーブ、ブドウ、オレンジ、レモン、ゴマ、ナツメヤシ、ザクロ、小麦、大麦などなど。「民なき土地」「無人の荒野」であったことは、一瞬たりともありませんでした。

ところがシオニストたちは、強引な入植活動や土地の買収などでパレスチナの農地を奪い、農家を失業させ、さらにはパレスチナの伝統的な農産物さえも収奪していきました。たとえば「ジャッファ・オレンジ」というブランド化されたオレンジがあります。ジャッファはテルアビブのすぐ隣のオレンジおよび柑橘類の産地です。

ジャッファとは国際的に通用する英語名で、アラビア語でヤーファー、ヘブライ語でヤッフォです。テルアビブはシオニズム運動でつくられた港町で、パレスチナの中心部の港町であるヤーファーにくっつくように入植地をつくっていったところで、いまではヤーファーを取り囲むような大都市になっています。

オレンジはパレスチナの伝統的な農産物で、ヤーファー・オレンジは以前からよく知られていましたが、イスラエルは「ジャッファ・オレンジ」として、ブランドを乗っ取ってしまったのです。

他にも多くの同様の例が見られます。パレスチナを代表するオリーブやオリーブオイルもイスラエルはブランド化して輸出産業にしています。これは水資源をパレスチナ人から収奪しているからです。イスラエルは、イスラエル領内でもヨルダン川西岸地区でもパレスチナ人には地下水・湧水・川水の利用を2割に制限し、残りの8割をユダヤ人の農場での灌漑および生活用水に使っています。灌漑によってパレスチナ人よりも圧倒的に優位に

ジャッファ・オレンジのポスター　出典：映画"Jaffa, the Orange's Clockwork"（2009年）

オリーブ生産ができるので、輸出用にも回すことができるのです。

また、外食産業で「イスラエル料理」として売り出しているものの大半が、アラブ・中東料理です。ファラーフェル（ひよこ豆を潰して丸めて揚げたもの）やフンムス（茹でたひよこ豆をペーストにしたもの）、バクラヴァ（ピスタチオやヘーゼルナッツを使った菓子）などは、日本のイスラエル・レストランを名乗るお店でもメニューの定番ですが、もちろんアラブ料理です。外から入ってきて、地元の特産品を我がものとして売っていくということは、入植者植民地主義＝セトラー・コロニアリズムではよくあることです。

さらに時間が経つとともに西岸地区のヨルダン渓谷地帯にはイスラエル資本のプランテーション的な農業入植地が広がっていき、バナナ、ナツメヤシ、グァバ、バジルなどの商品作物を大規模に生産するようになりました。しかし、プランテーション農業は地元のパレスチナ住民のためではなく、輸出商品としての作物を生産するものです。そのため、パレスチナ人の食料安全保障は悪化します。これは典型的な植民地主義です。

プランテーションは歴史的に欧米の植民地でつくられました。プランテーションでは、収穫などの農繁期に多くの労働者を必要とし、地元の人たちを安価で働かせます。イスラエルでも西岸地区の農業入植地でも、西岸とガザのパレスチナ人が労働力として使われていました。1990年代のグローバル化以降は、タイや中国からの農業労働者を使うようになっています。

パレスチナ人労働者にしても外国人労働者にしても、彼らの低賃金労働がイスラエルの農業を支えて、それが「メイド・イン・イスラエル」の農産物として世界に売られる、そういう構造になっています。

3

イスラエルには誰が住んでいるのか

イスラエルに誰が住んでいるのかについては、時代ごとに変わっていきます。

三つのユダヤ人グループ

建国前は、シオニズム前から移住していた人、シオニズム初期に入ってきたヨーロッパのユダヤ人（意識的なシオニスト）が中心でしたが、ナチス台頭後は避難者も増え、建国直前のパレスチナのユダヤ人人口は約60万人とされています。建国直後には、戦後ヨーロッパのユダヤ人難民（ホロコースト・サバイバー）約25万人のうち半数の12万人ほどが、新生イスラエルに移住しました。それ以外にも欧米からのシオニストが建国直後も移住してきました。

さらに、中東・北アフリカ地域のユダヤ教徒たちに対して、「あなた方はアラブ人のユダヤ教徒ではなくて、ユダヤ人なのだ」として、強引なイスラエルへの移住が実施されました。モロッコ、アルジェリア、エジプトなどの北アフリカ地域、イラクやイエメンといった中東地域に住んでいたユダヤ教徒のアラブ人たち、さらにイランやトルコやクルドなどのユダヤ教徒たちもイスラエルに移住させました。イラクが典型的ですが、地域や国によっては伝統的なユダヤ教徒のほとんど全員が建国後のイスラエルに移民させられた、ということも起きました。

建国後から1950年代半ばまでで40万人以上がイスラエルに移住したとされます。その流れは60年代まで続き、イスラエルのユダヤ人人口は、70年ごろにはヨーロッパ出身者と中東・北アフリカ出身者とでおよそ半々という状況になりました。

こうして、建国間もなくからイスラエルには三つのグループのユダヤ人がいるという構図ができました。意識的なシオニストとホロコースト・サバイバー、ユダヤ系アラブ人の三つのグループです。

1980年代以降

1980年代以降、エチオピア系とロシア系の移民が多くなります。エチオピアには、3000年前のエチオピアの初代の王がヘブライ王国のソロモン王の子で、直系の子孫の自分たちはトーラーの民であると主張するグループがあり、イスラエルはこのようなエチオピアのユダヤ系と思われる人も、帰還法に基づいて受け入れています。

１９８０年代と90年代に２回にわたる移送作戦が行われ、その後もエチオピアの政治経済が不安定なために、ユダヤ系と主張する人が後を絶たず、２０２０年代、約１０００万人の全人口に対してエチオピア系の人口は20万人程度に達しています。

イスラエルとしては、対アラブ人口が増えるのでエチオピアからの移民もユダヤ人人口として入れたいと考えています。西岸とガザ、イスラエル国内のパレスチナ人を合わせた人口と、イスラエルがユダヤ人と認めている人口との比率は半々なので、その脅威が常にあるのです。そのように人口を気にしていること自体がレイシズムですが、とにかく数合わせ的にもユダヤ教徒とされる人を移民させています。

一方、イスラエル国内の主流のユダヤ人はヨーロッパ中心主義者ですから、エチオピアから移民を入れることへの反発もあります。「入れよう」と言う人も「入れるな」と言う人もレイシスト（人種差別主義者）なのです。「入れろ」と言う人はアラブ人の人口比を下げたいレイシストで、「入れるな」と言う人はヨーロッパ中心主義者のレイシストと言えます。

1990年前後の冷戦終焉からソビエト連邦崩壊の時期に、政治的、経済的混乱を避けて旧ソ連や周辺地域から100万人ものロシア系の人が移民してきました。この人たちに対しては、規定を緩めてユダヤ人として移民を認めていますが、それはヨーロッパ系の人を積極的に増やしたいためでしょう。そのため、イスラエルの中でも、「この人たちは本当に我々が考えるユダヤ人なのか」という議論が生じています。こうした経済移民の旧ソ連出身者には、ヘブライ語も身につけず、ユダヤ教への改宗もせずキリスト教徒のままで、イスラエル人意識が弱い人が多いからです。

その後、さらに範囲を広げて、いまはインドのユダヤ教コミュニティが注目されていま す。古代からユダヤ教徒は中東からイラン、インドに至るインド洋貿易に関わっていました。交易と一緒にユダヤ教文化が広がったので、いろいろなユダヤ教コミュニティがインドにあります。その人たちもイスラエルに移民させようとしています。そこまでしてでもユダヤ人を増やして、アラブ人比率を下げようとしているのです。

そんなふうにイスラエルは強引な移民政策をして、ユダヤ人と言われる人をつくり出していま す。「ユダヤ人とは誰か？」という問いへの答えがいびつに拡大していると言えます。「ユダヤ人国家なんだ」「ユダヤ教徒はユダヤ人種なんだ」と、一生懸命ユダヤ人種ということにこだわっているようでありながら、やればやるほど多様化も進んでしまっているという矛盾が起きているのです。

私が滞在していた２０００年代でも、ロシア人たちがユダヤ教で禁じられている豚肉食文化を持ち込み、ヘブライ語も通じないコミュニティを築いていました。ユダヤ人中心主義・純ユダヤ主義という建前ですが、結果としては多様化・多文化化が進んでしまう。それでも反アラブということは一貫している。そんな混乱状況を感じます。

イスラエル国籍の先住アラブ人

建国後のイスラエルにマイノリティとして残ったパレスチナ人もいます。建国当時は全人口（およそ２００万人）の約15％を占めていました（１９５０年代から60年代前半までユダヤ教徒のイスラエル移住が急増しパレスチナ人の人口比は約12％まで下がりますが、出生率が高いこともあっていまは20％近くがイスラエル国籍の先住パレスチナ人とその子孫です）。

建国時点では、先住アラブ人はイスラエルにとっては域外へと追放しそびれた人たちです。イスラエル軍の攻撃により避難した先がなおイスラエル領内部だった人や、たまたま隣村にいてそこは残ったけど、生まれ故郷の村は潰されてなくなったという人、イスラエルからの攻撃を免れた村にいて残った人などです。

イスラエル国籍の先住アラブ人は、居住地制限や建築制限などが課され、法的にユダヤ人とは違う扱いを受けるなど、潜在的には出ていってほしい存在として扱われています。逆に言えば、その先住アラブ人たちは、イスラエル国内に残っているだけでユダヤ人国家イスラエルに対して抵抗しているということになります。

先住アラブ人の中には、宗教的マイノリティとして特別視されているドゥルーズ派（イスラームの一派）の人たちがいます。イスラエルからすると分断統治に利用できるので、パレスチナ人の多数派のムスリムから切り離され、取り込みの対象になりました。ですから、イスラエルは建国時にドゥルーズ派が多い村では追い出しの圧力をかけませんでした。イスラエルではアラブ人はおそらくは治安上の理由、つまり集団での反逆を懸念されて徴兵制度の対象ではないのですが、ドゥルーズの人たちは兵役を課されて、イスラエルの手先のように使われたりしています。

また、イスラームの主流派であるスンナ派でも、ベドウィンと呼ばれる半遊牧の生活をしていた人々のコミュニティは、建国後のイスラエルによって非公認の村とされて破壊の対象とされています。南部のネゲブ砂漠に多いのですが、非公認のベドウィンの村には電気・水道などのインフラ整備もなく、公立学校もつくられません。ベドウィンの人たちは著しい差別を受けながら、指定された居住区への定住を強いられています。

こうしたことは、イスラエルが巧妙にパレスチナ人社会を分断し階層化していることを示しています。「同じアラブ・パレスチナ人」として一体化し、抵抗のナショナリズムが湧き上がらないようにしているのだと言えます。西岸とガザのパレスチナ人を分断し、イスラエル国内でもパレスチナ人を分断し、少数派であるドゥルーズやベドウィンには個別的にイスラエル社会への巧妙な統合政策が取られているのです。

外国人労働者

詳細は後でお話ししますが、1987年からのインティファーダ（民衆蜂起）とそれを受けた1993年の「オスロ合意」以降の「オスロ体制」では、それまで西岸とガザのパレスチナ人が日帰りの出稼ぎで労働していたのを、治安上の理由と「自治」体制という名目によって大幅に制限し、それに代わる存在として、ルーマニアやブルガリアなどの東欧や、中国やタイなどアジアからの労働者が90年代のポスト冷戦、グローバリゼーションの時代に増えていきました。

この人たちはユダヤ系として帰還法によって移住しているわけではなく、経済移民として入ってきました。労働力として受け入れるというのは、市民として迎え入れるのとはまったく違います。永住権や市民権を与えず、本来的には自分たちの社会を一緒につくる仲間とは考えていません。

西岸地区、ガザ地区の労働者は、仕事が終わればそこに帰るので、イスラエルには住み着かないというメリットと、賃金をすべてイスラエル市場圏（占領地も含む）で消費するというメリットがありました。それに対して外国人の出稼ぎ労働者は、数年の期間限定で働き、できるだけ貯金をするか故郷に送金するかするため、お金がイスラエルから流出します。そして期間限定の滞在のはずが、現実には生身の人間が来るわけですから、いろいろな事情で出身国に帰れなかったり、イスラエルに生活基盤や家族ができ子どもが生まれたりして、定住化することもあります。

これは日本の移民政策にも重なるところですが、当初イスラエルは、期間を区切って、労働力の補いとして入れているつもりでしたが、現実には多民族化、多文化化が進んでいます。たとえば私が滞在していた2000年代、テルアビブなどイスラエルの大都市部に行くと、精肉店では漢字の看板が出ていて、豚肉が売られていたりしました。つまり中国系の労働者向けのお店です。そして通学時間帯には、アジアからの労働者の子どもと思われる小学生たちがグループで登下校する姿が見られました。すでにイスラエル生まれの二世たちが定住していたのです。

この人たちに対して、イスラエルも簡単に出ていけとは言えません。けれども、「ユダヤ人国家」という規定がある以上、やっぱりそこはウェルカムではない。外国人労働者は労働力としてだけあてにしたいということです。

4

イスラエルはどのように国民統合を図ったのか

ヘブライ語

先にも少し触れたように、新生イスラエル国家では公用語を何にするのかが大きな論争になりました。

建国運動を担ったシオニストには東欧のイディッシュ語コミュニティ出身の人がいました。しかしイディッシュ語には迫害に関するネガティブな記憶があるほか、ドイツ語をベースにヘブライ語とスラブ語の要素が混ざるという混成言語的な点、国境を越えて散在しているユダヤ人コミュニティで使われているという点で、トランスナショナルな特徴がありました。そのため新しいユダヤ・ナショナリズムにふさわしいのは、「離散と帰還」の政治神話にも合致する、新しくつくられた現代ヘブライ語だということになりました。

ヘブライ語は聖書の古語として受け継がれていましたが、日常用語としての話者はいませんでした。文法的にも語彙的にも近代言語として通用するものではなかったので、文法を整理し直し、アラビア語やヨーロッパ諸語から持ってきて単語をつくり、近代言語として現代ヘブライ語が創出されました。しばしば「ヘブライ語を復活させた」と言われますが、実際には人為的につくったものですし、混成言語的でもあります。

世界中から常に移民を受け入れているので、イスラエルはヘブライ語教育に非常に力を入れています。国を挙げてヘブライ語教育をシステム化し、移民に対してできるだけ早くヘブライ語を身につけさせるための制度は洗練され、徹底しています。

とはいえ、中にはヘブライ語を身につけようとしない人もいます。1990年代初め、当時人口400万~500万人くらいのところに100万人ほどのロシア系の人が移民してきて、人口の2割がロシア系になりました。ロシア語話者が集団で来ているので、ロシア語新聞が刊行され、ロシア語だけでくらせるコミュニティができました。そういう人たちはヘブライ語を身につけようとしませんでした。私がふらりと入ったカフェで、ヘブライ語も英語も通じず、メニューもキリル文字のものしかない、ということもありました。

徴兵制

イスラエルには徴兵制があり、18歳になれば男性は32カ月、女性は24カ月の兵役が課されています。一般的に徴兵は国民としての義務と権利が表裏一体になっていて、義務を果たすから権利が手に入れられるという形になっています。イスラエルでも同様で、徴兵の義務を果たすことで手に入る権利があり、徴兵は国防だけでなく、国民化のための道具にもなっています。

イスラエルでは、兵役に就かなければ公的奨学金も得られず、公務員にもなれません。一般企業への就職も「兵役完了した者」という条件がある場合もあり、公的なローンも組めないなど、多くの権利が制限されます。それらが、徴兵を拒否できない圧力にもなっています。もし徴兵拒否をすれば、たいていの場合は1週間から1カ月程度、場合によっては数カ月の禁固刑を受けます。イスラエルでは、いわゆる良心的兵役拒否が認められることは稀で、「イスラエル国家に批判的だから徴兵拒否をしている」とみなされ懲罰対象になるのです。その後も再徴集を受け、また拒否すると再投獄される、それを繰り返すということもあります。その後もずっと、ある種の非国民としてのレッテルを貼られます。

ただし、ユダヤ教の超正統派（ウルトラ・オーソドックス）の人たちは兵役を免除されていました。ユダヤ教を学び続けることが責務であることと、世俗国家の軍令は超正統派の教義に反するためです。一部の超正統派は、そもそもシオニズムが反ユダヤ教的だとして、イスラエル国家の正統性を認めないほどです。それに対して昨今、その免除は特権で、超正統派も兵役に就くべきだという世論と政治的な圧力が高まり、２０２４年6月、イスラエル最高裁判所は超正統派のユダヤ教徒の学生を徴兵するよう政府に命じる判決を言い渡しました。それに対して超正統派の人たちが抵抗しているという亀裂があります。反対する集会を開く超正統派のユダヤ教徒を、治安警察が暴力的に弾圧し逮捕するという光景が繰り返されています。シオニズムとユダヤ教のねじれた関係を象徴しています。

また、先述のように、先住アラブ人については兵役を「免除」していますが、それは建国の経緯から、アラブ人を、たとえ国民であれ、潜在的に「敵」とみなしているからでしょう。人口の20%を占めるので、その集団に一斉に武器を持たせたときに、軍の内部から攻撃されることを懸念しているからだと思います。

そして、ムスリムの中のドゥルーズ派の人たちには徴兵義務を課し、占領地の最前線に立たせています。アラビア語が話せるので、パレスチナ人を尋問したり、命令したりするときに使えるわけです。そうして、「ドゥルーズ派は裏切り者だ」という分断を占領地のパレスチナ人、イスラエル内のムスリムの中に持ち込んでいます。

一方、イスラームの主流派であるスンナ派の中でも、ベドウィンのパレスチナ人は、差別や偏見に晒されて経済的にも貧しいことが多いため、徴兵義務がないにもかかわらず、兵役への志願率が高いことで知られています。兵役に応じることが、イスラエル社会への同化と社会的地位の上昇に繋がっているからです。

これと同様の傾向はアラブ人のキリスト教徒にも見られます。キリスト教徒に対しては、ドゥルーズのように兵役を義務化すべきという議論も出ています。兵役に就かなければ国民としての権利が得られないという圧力のもと、アラブ人の中のマイノリティを、政府が分断統治に利用しているという面もあります。イスラエル総人口の20％がアラブ人ですが、その中でドゥルーズ、ベドウィン、キリスト教徒は、それぞれ約2％程度といった割合です。

このように、徴兵制によって、統合とともに国民の中の分断と序列化がなされています。

5

ホロコーストと宗教の利用

ホロコーストの政治利用

先述したように、ホロコースト・サバイバーとして移住して来た人たちは、来たるべきユダヤ人国家の国民になるという強いナショナル・アイデンティティを自覚して、建国運動に参加した人たちではありません。

シオニストは、ユダヤ人人口を増やすためにホロコースト・サバイバーを受け入れましたが、主体的に来たのではなく、建国運動に参加せずヨーロッパに残っていたからホロコーストに遭ったのだという感じで、当初、冷遇していました。

1960年に、南米に逃れ潜伏していた元ナチス将校のアドルフ・アイヒマンが捕えられ、裁判が始まって、その状況が一変します。裁判の過程で、テレビカメラが入った法廷でホロコースト・サバイバーが被害の実態を証言し、その声がメディアを通してイスラエル国内、さらには世界に届けられました。

当時のイスラエルは、いくら欧米からのサポートがあったとはいえ、建国して間もなく、不安定でした。加えて、1956年にエジプトとの第2次中東戦争に英仏とともに参戦し、その強引なスエズ侵攻が米ソも含む国際社会から非難を浴びて勝利とは言えないような形で終わり、50年代後半は経済的な不況等もあって、政権が揺らいでいました。

そういうときにアイヒマンが捕えられたのです。イスラエルは裁判を利用してホロコースト・サバイバーの声を大々的に発信し、ホロコーストの残虐さを強調して、国内外に「ホロコーストがあったからユダヤ人国家としてのイスラエルの存在は正当化される」とアピールしました。アイヒマン裁判がイスラエルの正当化に利用されたのです。

このときから、「誰もイスラエルを批判できない。なぜならホロコーストがあったからだ。ホロコーストを忘れるな」という形で、ホロコーストが政治利用されるようになりました。こうした「ホロコースト言説」は、これ以降、イスラエルのナショナル・アイデンティティ、あるいはイスラエルという国を正当化する政治的な資源として使われるようになりました。

第1部でも見てきたように、シオニズムによる建国運動は勇ましく戦うナショナリズムであり、建国直後もホロコースト・サバイバーは数合わせの受動的な難民に過ぎませんでした。「ホロコーストがあるからイスラエルがある」という言説は建国後10年以上経った1960年代以降にできたのです。

アイヒマンの裁判を通してホロコーストをイスラエルの正当化に利用するとともに、イスラエルはさまざまなバックグラウンドを持つユダヤ人の国民統合にも利用しました。『6月0日　アイヒマンが処刑された日』（2022年）という映画を例にお話しします。アイヒマンは61年に死刑判決を受け、62年にイスラエルで処刑されました。映画ではその死体を焼却する炉をつくる過程が描かれます。映画に登場する鉄工所の社長、作業員、臨時に雇われた少年工は、それぞれ、先にあげた三つのユダヤ人グループ（91ページ参照）、すなわち、戦ったシオニスト、ホロコースト・サバイバー、ユダヤ系アラブ人に属しています。

映画では、バラバラだったこの三人がアイヒマンの火葬という一つの目標に向かって協力して努力し、焼却炉の完成と稼働の過程で一体となっていく姿が描かれています。これはバラバラな背景のユダヤ人たちが国民として統合されていくことの比喩であり、それがアイヒマン裁判によって成し遂げられたことを描いているのです。

アイヒマン裁判は、一方で「ホロコーストがあったからイスラエルが必要なのだ」という対外的な国家正当化の手段に使われ、同時に国内ではイスラエル国民（イスラエルのユダヤ人）のアイデンティティ統合の手段にも使われたのです。

ところで、この映画には当時で国民の12％ほどを占めていた先住パレスチナ人が登場しません。彼らもイスラエル国籍を持つイスラエル国民ですが、映画では焼却炉の実験のために羊を提供する無名の農民が出てくるだけで、あたかもユダヤ人しかいないような構成になっています。イスラエルのユダヤ人が先住アラブ人をどう見ているかを象徴しているようです。アラブ人は自分たちと同じ国民ではなく、国民統合の対象になっていないのです。

「アラブ世界のホロコースト」がつくられた

1950年ごろからの中東世界からイスラエルへのユダヤ系アラブ人の移送では、シオニストは「ユダヤ教徒はユダヤ人種であるからイスラエルに移住するように」と圧力をかけ、勧誘や説得に応じない場合、シオニスト機関がユダヤ人共同体に対して武装攻撃を仕掛けて、アラブ世界の反ユダヤ主義を煽ってでも移住を促すということまで行われました。

そのため「ユダヤ教徒はユダヤ人だ」という、ヨーロッパにおける人種化の言説が中東各地にも広がりました。

こうしてアラブ世界の中でもユダヤ教徒に対する偏見や軋轢《あつれき》が人為的に高められ、あえて共存しづらい環境がつくられ、ユダヤ教徒に対する迫害が大なり小なり出てきました。迫害が生ずれば、シオニストとしてはアラブ世界のユダヤ教徒に対して、「ユダヤ教徒はヨーロッパでもアラブ世界でも迫害されるのだから、イスラエルに住むべきだ」ということが言えます。現実にはシオニストがユダヤ人を人種化し、パレスチナでアラブ人を迫害しながらユダヤ人国家建設運動を進めた反動として、アラブ世界でもユダヤ教徒に対して迫害が生じたのですが。こうしてアラブ世界からイスラエルへの移民が大規模に発生しました。一部はフランスやアメリカやカナダにも移住しましたが、アラブ世界からのユダヤ教徒の大半がイスラエルに移住しました。

そして、アラブ世界でのユダヤ教徒迫害は、「アラブ世界のホロコースト」として宣伝されるようになります。実際にはナチスのホロコーストとは文脈も規模も時期も違いますし、シオニズムの反作用として起きたものです。同列には語れないにもかかわらず、「アラブ世界でもホロコーストがあった」というような、非常に戦略的な言説が広げられました。このホロコースト言説も、実際のホロコースト・サバイバーの移民とアラブ世界からの移民とをイスラエル国家のもとに統合するという役割を果たしました。

建国後の宗教利用

非常に世俗的な運動の結果できたイスラエルですが、後から国家を正当化するために宗教的言説が強まっていきました。

とくに、1967年の第3次中東戦争は大きな出来事でした。この戦争で圧勝したイスラエルは、旧市街を擁する東エルサレム（エルサレムの西側は第1次中東戦争ですでに占領していました）、ヨルダンが併合を宣言していた西岸地区、エジプトが管轄していたガザ地区、エジプトの領土であるシナイ半島、さらにシリア領のゴラン高原まで軍事占領を広げたことで、「エレッ・イスラエル（イスラエルの地）」のほぼすべてを手に入れました。

東エルサレムの中にある旧市街には第二神殿跡があります。シオニストが「離散と帰還」の神話で起点としている、ローマ軍によって破壊された神殿です。そこが手に入ったことから、この勝利はエレッ・イスラエルの復活、神の思し召しであるという言説が広められました。しかし、正統派ユダヤ教の宗教者にとっては、神殿跡は神が罪を赦し、王国が復活するまでは入ってはいけない場所です。ですから、本来はそこを軍事的に支配するなどということ自体が禁忌になるのですが、第３次中東戦争は「六日戦争」とイスラエルが呼ぶように圧勝したこともあって、非常に神がかった言説で正当化してしまったのです。

それ以降、極右の過激な入植者が「我々は神のしもべだ」などと言いながら、西岸地区やガザ地区に武装して入植していくようになります。

ですから、１９４８年の建国と、イスラエルという国を宗教言説によって正当化するまでには、20年近いタイムラグがあります。時間的なズレだけでなく、建国を担ったのは世俗派ですが、後付け的に宗教的に正当化してしまったというズレもあります。

6

1967年以降の占領政策とは

西岸、ガザ地区の領土化へ

前述のように1967年の第3次中東戦争では、西岸地区、ガザ地区、シナイ半島、ゴラン高原をイスラエルの軍事占領下に置きました。

本来であれば、「軍事占領」は戦争によって生じた一時的な占領状態を指すので、講和によってその土地は返還しなければいけません。だから、占領中にその土地を自国領に改変すること、すなわち、元の住民の追放や自国民の入植は、国際法によって禁じられています。

ところが、67年に占領下においた土地について、国際法的には軍事占領地にもかかわらず、イスラエルは一時的な占領ではないと主張し、ゴラン高原はイスラエル領だとさえ宣言しています。

占領以降、イスラエルはすべての占領地にユダヤ人入植地をどんどんつくり始めました

(シナイ半島については、エジプトとの間で講和が結ばれて、入植地を撤去して返還しました)。西岸地区とガザ地区は、イスラエルからすると、パレスチナの78%を国土とした建国の際の戦争において、取りきれなかった22%の土地にあたります。そこを第3次中東戦争で軍事占領下に置くことができたのです。

これはイスラエルにとっては、長期的には西岸地区、ガザ地区も領土化することによって、78%を100%に持っていくための大きな出発点になります。だから、そこに自国民を入植させるということが、当然のようになされるのです。占領地への入植は国際法違反ですが、イスラエルは入植の既成事実をどんどん積み上げていきます。

西岸、ガザ地区の無力化・反開発

西岸地区、ガザ地区をイスラエルのコントロールのもとに置き、既成事実として自国領としていくためには、建国のときの入植活動と同様に、単に入植するだけでは不十分です。建国のときは、先住パレスチナ人を追放することでユダヤ人の比率を高めようとしました。占領後のこのときは、西岸地区、ガザ地区が発展できないように、通常の経済活動が不可能になるようにして、パレスチナ人社会を無力化していくことを重要な課題としました。自国民を入植させたとしても、パレスチナ人がいままでどおり西岸、ガザ地区で、それぞれ隣接するヨルダン、エジプトとの往来が自由で、そこから世界に繋がって貿易が自由にでき、生産活動が自由にできるなら、パレスチナ経済、パレスチナの社会が発展していきます。それを止めるためにイスラエルがしたのは、西岸地区をヨルダンから、ガザ地区をエジプトから切り離すことでした。完全に囲い込みをした上で、自由な人の往来、貿易、生産活動を規制したのです。

すると、これまで成り立っていた西岸地区、ガザ地区内での産業が立ち行かなくなります。仕事がなくなった西岸、ガザのパレスチナ人はイスラエルに出稼ぎに行くようになりました。朝早く出れば、イスラエルの産業地帯やプランテーションに行って労働して帰ることができます。パレスチナ人はイスラエルの工業、建築業、農業、サービス業などさまざまな産業分野で働くようになり、イスラエルは非正規雇用の労働者として低賃金で便利に使うようになりました。西岸とガザのパレスチナ人の失業率を上げて、そうなるようにイスラエルが仕向けたのです。

イスラエルに出稼ぎに行くとパレスチナ人は現金収入が得られますが、パレスチナに独自の産業はないので、パレスチナ人が西岸、ガザの占領地で生活をするための消費物も、すべてイスラエルの流通に乗った物を購入して消費することになります。すると、イスラエルが払った安い賃金は消費に回るので、イスラエルにとってはとても都合がいい。しかも、外国から来る労働者ではないので、イスラエル領内に住み着かないで毎日西岸、ガザの家に帰ってくれるし、国外送金もしないので、この状態はいろいろなメリットがありました。

パレスチナ人からすれば、独自の産業は規制され、ヨルダン、エジプトとも切り離されて、それしか選択肢がないから安い賃金でも真面目に働くしかありません。イスラエルの中にはそれを、「蜜月だった」「仲良く働いていた」「いい労働仲間だった」と言う人もいます。パレスチナ人にはさまざまな不満、鬱屈がありましたが、イスラエルのマジョリティからは見えず、「パレスチナ人は従順に働くので良い」と思っていたのです。けれども、もちろん差別と抑圧の上に成り立っていたことでした。

１９８７年にインティファーダが起きるまでは、このような状態が続きました。

ホロコースト・サバイバーを両親に持ち、ガザの経済について研究し続けているアメリカの社会経済学者、サラ・ロイは１９６７年から占領地に対して行われているイスラエルの政策を「反開発」と呼んでいます。自立できないように、独自経済を否定し、出稼ぎ労働に依存させ、出稼ぎ労働を切れば、すぐに行き詰まるような経済体制をつくり、西岸地区、ガザ地区の無力化を進めたことが、最初の反開発です。「反開発（de-development）」は、途上国などの開発速度が遅れている状況を「低開発（under-development）」と呼ぶこととは異なり、そもそも開発を不可能にしていく破壊的政策を指します。

イスラエルはパレスチナ社会を弱体化し、無力化していくとともに、入植を進めてあちこちに「ニュータウン」のようなものを切り開いていきました。入植地が孤立しないように、イスラエルの大都市や入植地を繋ぐ入植者専用の道路網もつくりました。入植者は便利に、効率よく移動ができますが、その道路がパレスチナの土地を分断し、細分化します。イスラエルが道路を管理し、要衝には検問所を置き、ユダヤ人の入植者は自由に通ることができるけれども、地元のパレスチナ人は止められる。そうやって、入植地という「点」を、道路網という「線」によって結び、パレスチナの土地を「面」で取っていったのです。

1967年の軍事占領から87年のインティファーダまでの間には、パレスチナ人の独自経済の制限によるイスラエルへの出稼ぎへの依存＝反開発と、入植地の展開の二つが同時進行で起きていました。

第1次インティファーダ

１９８７年12月、イスラエル軍の軍用車両がガザ地区の難民キャンプの車と衝突して、パレスチナ難民４人が死亡しました。こうしたイスラエル軍による事故や事件はそれまでにもありましたが、軍事占領下であるため事故や事件を起こしたイスラエル兵が罪に問われることはほとんどありませんでした。

この事件をきっかけとして、パレスチナ人に蓄積していた不満が爆発してガザ地区を発端として「インティファーダ」が起き、西岸にも波及します。この民衆蜂起は、それまでの周辺アラブ諸国の難民キャンプを拠点にしたパレスチナ外部からの抵抗運動とは違い（このことについては次節でお話しします）、占領下のガザ地区、西岸地区に住んでいる人たちの抵抗運動だということに特徴があります。

党派主体ではなく民衆主体としてゼネストやボイコットを行い、イスラエルに労働力を提供したり、イスラエルの商品を買ったり、イスラエルに税金を納めたりということを拒絶するような抵抗でした。そういう意味では非常に地に足がついた、イスラエルの占領下に組み込まれているからこそできる抵抗が模索された、非暴力・不服従の運動だったと言えるでしょう。

欧米や日本のメディアで多くとりあげられた投石に象徴される抵抗運動もあり、一部では火炎瓶も投げられていましたが、これを武装抵抗と呼ぶことには私は違和感があります。戦車・装甲車・戦闘機・戦闘ヘリを多数配備している世界最強クラスの軍隊に対して、投石・火炎瓶で撃退できるわけではなく、象徴的な抵抗行為だからです。ゼネスト・ボイコットのほうが実質的な不服従の意味を持っていました。

イスラエルによる占領への抵抗は以前も散発的にありましたが、このときは、西岸とガザ全土に広がったこと、長期的であること、組織的に行われたことから、「インティファーダ」と呼ばれます（2000年に第2次インティファーダが起きてから、このときの蜂起を「第1次インティファーダ」と呼ぶようになりました）。1987年の暮れから90年ぐらいまで続きました。

イスラエルは「飼い犬に手を噛まれた」「いままでうまくやっていたのに、突然裏切りやがった」「信用が置けない」といったような受けとめ方をしました。インティファーダにより、仮にイスラエルが鎮圧しても、以前のような状態にはならない、そういう互いの不信感があらわになりました。

インティファーダを受けて、イスラエルはそれまでとは違う占領の形を考える必要に迫られます。そこで出てきたのは、占領の本質は変えずに、占領という外観を隠してまったく違う装いで占領を続けることでした。それがオスロ合意でした（オスロ合意については、後で詳しくお話しします）。

7

パレスチナの抵抗運動とは

1950年代から、パレスチナの抵抗運動の運動体はいくつもあり、それぞれが西岸地区も含むヨルダン、ガザ地区、レバノン、シリアなどの周辺アラブ諸国内の難民キャンプを拠点に、アラブ諸国の後ろ盾を得ながら抵抗運動を展開していました。

イスラエル建国自体が不当であるというのが、当時のパレスチナの抵抗運動および、周辺のアラブ諸国の認識でした。不当な分割、不当な入植、不当な軍事的な制圧によってつくられたイスラエルという国は存在自体が不当であるという認識ですから、この時期のパレスチナの抵抗運動の主張は、究極的には、「パレスチナの全土を解放せよ」ということです。その意味で、イスラエルの支配に対する当時の抵抗運動を、「パレスチナ解放運動」とも言います。

けれども、国際社会は第1次中東戦争終結後の1949年の休戦ライン（グリーンライン）を事実上の国境としてイスラエルの建国を認め、国連加盟まで認めてしまいます。イスラエルという国の存在が既成事実化される状況が続き、67年の西岸とガザの占領という事態を迎え、抵抗運動も方針転換を迫られていきました。

PLO

パレスチナ解放運動諸派の一つが、ヤーセル・アラファート（1929〜2004）がリーダーシップをとっていたファタハ（パレスチナ民族解放運動の略称）です。ファタハは、抵抗運動の連合体であるPLO（Palestine Liberation Organization）＝パレスチナ解放機構に1967年に加盟するや、最大党派として中心的存在となり、アラファートは69年に議長に就任し、パレスチナの抵抗運動の顔になっていきます。

パレスチナ解放運動諸派が拠点を置き支援を受けていたアラブ諸国は60〜61ページでお話ししたように、それぞれイギリスやフランスによって意図的に分割してつくられた国々で、政権維持のためにイギリスやフランスに依存していました。

そういう中で、パレスチナの抵抗運動は、パレスチナ難民を中心とした運動になっていくのか、それとも自分たちが拠点を置き庇護を受けているアラブ諸国の意向を汲んだ運動になるのかという二つの方向の間で主導権争いがあり、次第にパレスチナ人主体の抵抗運動が主流になっていきました。その運動を取りまとめたのがPLOでした。

PLOは、難民キャンプを拠点に武装闘争を展開していきます。けれども、圧倒的な軍事力を持つイスラエルに対してできることは、せいぜいがゲリラ戦で、それによってイスラエルという国を追い出すことは到底できません。だからこそ、庇護者となるアラブ諸国が本気にならないことにはどうにもならないのですが、アラブ諸国は自分たちの政権基盤が脅かされない程度にパレスチナの大義を訴えたり、イスラエルと事を構えたりすることはあっても、パレスチナ解放を実現するためにイスラエルに本気で立ち向かうことはしません。

それどころか、PLOが拠点を置いていたヨルダンは、1967年の第3次中東戦争で東エルサレムを含む西岸地区を失って困窮し、親英米の政権がPLOを厄介視するようになります。70年にはPLOに退去を勧告して弾圧したため、ヨルダン内戦に発展しました。この結果、パレスチナ難民に数千人の犠牲者が出て、PLOはレバノンのベイルートに拠点を移すことになりました。これが現在も続くイスラエルのレバノン攻撃の契機となります。

こうした中、1970年代から、パレスチナの解放運動の中では方向転換が起きます。

いまのイスラエル国家を既成事実として認め、西岸地区とガザ地区からの撤退だけを求めて、西岸、ガザだけの「ミニ・パレスチナ国家」を目指すのが現実的だろうと、それまでのパレスチナ解放の理念を曲げたのです。そして、いまのイスラエル国家——国連の分割決議の分割ラインではなく、パレスチナ全土の78％を占領している休戦ラインを認め、西岸とガザの入植地からの全面撤退と返還を要求しました。これを「二国家解決」案と言います。

しかし、これは甘かったと言わざるを得ません。イスラエルはもうすでに入植活動を着々と進め領土化を本格化させていたのです。いまさら西岸とガザの「ミニ・パレスチナ」も認めるわけがありませんでした。

ハマース

抵抗運動諸派の一つであるハマースは第1次インティファーダのもとで１９８７年に誕生しました。「ハマース」とは、「イスラーム抵抗運動」のアラビア語の頭文字の略称です。イスラームを掲げているのが特徴です。ＰＬＯはファタハであれＰＦＬＰ（パレスチナ人民解放戦線）であれ世俗的な団体で（ファタハは民族主義、ＰＦＬＰはマルクス主義を基盤としています）、イスラームに基づいているわけではありません。そこが両者の違いです。

ハマースは、もともとはエジプトにベースがあるイスラームの社会組織「ムスリム同胞団」のガザ支部でした。ムスリム同胞団は相互扶助や社会福祉を活動の中心としています。ハマースはそのガザ支部から発展して、インティファーダ開始を機に政治組織として結成されました。占領地内部からの抵抗運動が始まったときに、社会福祉事業だけではなく、積極的に政治闘争を、さらには実力抵抗をすべきと判断したのでしょう。

第1次インティファーダは、ガザ地区から起こり東エルサレムも含む西岸地区全域に広がった民衆蜂起でしたが、そこにこれまでの抵抗運動の中心だったＰＬＯが外（レバノンからも追放され当時はチュニスに本部がありました）から参入し、自らの政治外交に蜂起を利用しました。これを、「ＰＬＯが民衆から沸き起こった運動を後から乗っ取った」と言う人もいますが、他方で占領地内のインティファーダ指導部が外のＰＬＯと協力関係をつくったことで、内外に影響力を発揮することができた、という面もありました。

こうして全土的、組織的な運動が展開されると、イスラエルにとってはそれまで抵抗運動を統率してきたＰＬＯのもとに民衆運動が結集し、一致団結して運動が進んでいくことになれば非常にやっかいです。

そこでイスラエルは、第1次インティファーダ中、ハマースの活動家への取り締まりを意図的に緩め、この新しい組織の伸長を促して、パレスチナ民衆の抵抗運動がPLO支持派で結集しないように画策していたことがメディアでも広く指摘されています。「分断して統治せよ」の原則からすると、ハマースがPLOと並ぶ二大勢力になってくれたほうがイスラエルにとって都合がよかったという面があります。とはいえ、イスラエルとハマースが協力関係にあったかのような単純な整理をすることは、陰謀論めいていますし、ハマースも含めたパレスチナ人の民衆抵抗や民族自決を貶めることになりかねません。

ハマース支持は宗教原理主義ではない

イスラーム抵抗運動であるハマースに対して、欧米や日本では、宗教原理主義であるかのような、間違った理解をされかねない報道がされています。

キリスト教世界のヨーロッパは、近代以降、信仰を個人の内面の事柄へと純化させていき、政治・経済といった世俗の問題と切り分けました。こういう分け方は、政教分離に進んだキリスト教ならではのことです。

イスラームでは、イスラームは律法であり、政治であり、経済であり、宗教であり、生活です。イスラーム社会では、イスラームの規範を生活全体で実践していくことが求められています。それをキリスト教的政教分離の概念から、「イスラームは政教分離がなってない」と批判するのは、西洋文明中心主義的な見方です。

ですから、欧米、キリスト教世界が、ハマースが支持されることを、宗教的な色が強い政党が選ばれて、パレスチナ人たちが宗教原理主義的になっているかのように言うのは、間違いです。パレスチナの人口の9割はムスリムです。ムスリムであることは、日常生活や政治、経済での活動一つひとつに結びついているわけですから、イスラーム政党が支持を得ることが、そのままパレスチナが宗教原理主義化していることを意味するわけではまったくないのです。

ハマースの活動は、相互扶助による社会福祉的な側面もあれば、政党としての活動と軍事部門もあります。それらすべてがハマースなので、それを支持したからといって、パレスチナ人が宗教化を強めたということではありません。

8

オスロ合意とはなにか（1）

オスロ合意とは

第1次インティファーダを受けたイスラエルは、インティファーダのような抵抗をパレスチナ人に起こさせずに西岸、ガザで入植活動の継続・拡大を行うにはどうすればよいかの戦略を立てます。そして、ＰＬＯと和平交渉を行い、パレスチナとの相互承認を受け入れるという、一見するとパレスチナに譲歩したかのような方針を実現させます。それがオスロ合意でした。

パレスチナ／イスラエル問題における「和平」について整理しておくと、「和平」には、大きく分けて「一国家解決」と「二国家解決」の二つの考え方があります。

「一国家解決」とは、現在のイスラエル、西岸、ガザに分かれている歴史的パレスチナを一つの国家として、そこにくらす住民すべてが国民となり、市民権を持つというものです。つまり、アラブ・パレスチナ人とイスラエルのユダヤ人とが一つの枠組みで共存することになります。「二国家解決」とは、飛び地になっている西岸とガザのみをミニ・パレスチナ国家として独立させ、既存のイスラエル国家と併存していくというものです。

西岸、ガザ、イスラエルをあわせると、人口の半分はアラブ人となります。その人たちが平等な市民権を持つ一国家になるなど、イスラエルにとっては論外です。したがって、イスラエルは「一国家解決」を絶対に受け入れられません。

また、西岸、ガザが完全な独立国家――主権を持ち、どこの国とも対等な関係があり、自由な人の往来、貿易、産業発展ができ、国連にも加盟するような国家――になる「二国家解決」も絶対に受け入れられません。武器を製造ないし輸入して軍隊を持つ一般的な国家になることを最も警戒しているからです。イスラエルからすると、一国家解決も、二国家解決も、どちらも容認できないのです。

どちらの「和平」も受け入れるつもりがないイスラエルが認めた「オスロ合意」は、建前上は「二国家解決」による「和平」を目指すものとされていますが、実際はそうではありませんでした。

1993年にノルウェーのオスロでの秘密交渉が担当者間で合意に達し、その後、当時のイスラエルのラビン首相とPLOのアラファート議長がワシントンでアメリカのクリントン大統領の仲介によりオスロ合意に調印しました。
オスロ合意の内容は、以下のとおりです。

1―PLOはイスラエルを国家として認め、イスラエルはPLOをパレスチナを代表する自治政府として認める（相互承認）。

2―イスラエルは占領した地域から暫時撤退し、5年間にわたってパレスチナの自治を認める。暫定自治開始3年目までに最終交渉に入り、5年後には暫定自治を終了する。その5年の間に今後の詳細を協議する。

つまり、PLOはイスラエルを国家として認め、イスラエルはPLOを自治政府として認めて「自治」という名前を与える。将来的には、二国家体制という形での独立という目標を漠然と念頭に置いたものですが、オスロ合意で結ばれたのは、あくまで相互承認にとどまりました。

ただし、両者はまったく対等ではありませんでした。PLOがイスラエルを国家承認するということは、イスラエルに対してもう抵抗運動を行わないということを意味します。

一方で、ＰＬＯが承認したイスラエルは、入植活動をやめるとは一言も言っていません。つまり、パレスチナ全土の78％をすでに領土化したイスラエルを承認したのみならず、イスラエルが西岸、ガザ地区で今後もさらに入植地を拡大していくことを、ＰＬＯは容認してしまったのです。

さらに、ＰＬＯをパレスチナの自治政府として認めるということについては、どこまでをＰＬＯの自治とするのかは、合意後の交渉に委ねられていました。建前としては「交渉」ですが、すでにＰＬＯはイスラエルを承認してしまっているので、イスラエルのさじ加減次第ということになります。パレスチナがどの程度の自治、どの範囲の自治を行えるのかが定められていない、宙吊りの状態での合意だったのでした。

「自治」とは占領の下請け

オスロ合意によって、統一したパレスチナ暫定自治政府が１９９４年に発足し、ガザ地区と西岸地区のエリコに限定した先行自治が始まりました。95年にパレスチナ自治拡大協定が結ばれ、自治区が拡大しました。しかし西岸地区とガザ地区の全体が「自治区」になったのではありません。この協定は、西岸・ガザの土地を、「A地域：自治政府が治安および民政に関して責任を負う地域」「B地域：自治政府が民政に関して責任を負うが、治安に関してはイスラエル軍が管轄する地域」「C地域：民政・治安ともイスラエル軍が責任を負う地域」の三種類に細かく区分けしました。

ユダヤ人入植地、入植者農場・工場、それらを結ぶ入植者道路、イスラエル軍基地・検問所、軍管理地はC地域として、「自治区」とされるA地域とB地域とをバラバラに取り囲み寸断する形になっていました。１３３ページの地図が、その拡大自治協定によるヨルダン川西岸地における自治区（A地域＋B地域）です。まるで海に散らばる群島のようです。A地域とB地域を合わせても、西岸・ガザの40％しかありません。西岸地区、ガザ地区あわせてパレスチナ全体の22％です。そのうちの4割ですから、パレスチナの土地のわずか約9％だけが「自治区」というわけです。

このバラバラな地区でパレスチナ暫定自治政府は行政権を認められ、A地域では警察権も認められてパレスチナ警察が発足しました。しかし、たとえA地域内であっても、イスラエル軍は24時間いつでも入ることができます。「治安に責任を負う」など有名無実です。そしてイスラエルがパレスチナ警察に担わせた役割は、オスロ体制に反対するパレスチナ人の抵抗運動の取り締まりでした。まるでイスラエルの代理警察のようです。

そうした状況で行政を担うということは、実質的にはイスラエルの占領下において下請け行政をさせられていることになります。そのようなものが「自治」と呼ばれ、しかも、イスラエルは入植活動をどんどん進めていったのです。

134ページのグラフは占領下にある東エルサレムおよび西岸地区の入植者数の推移ですが、オスロ合意を結んだ1993年でさえ、入植活動は止まっていません。それ以降も入植活動はずっと止まらず、土地が奪われ続けているのです。

こうして、オスロ合意により、相互承認の上で和平に向けて互いに協力していくという名目のもと、イスラエルは西岸地区、ガザ地区での入植地の退去はおろか入植活動を止めない、そしてPLOは「自治」として寸断された地域で占領の下請け行政をさせられるという、イスラエルに都合のいい体制が確立されてしまいました。

こういうものを「和平」という名前で宣伝し、世界に和平プロセスだと認めさせたことで、オスロ和平体制に反対したら、「和平の敵」、つまり「テロリストだ」と非難できるようになり、国際社会もそのように認識するということになってしまいました。

オスロ体制は、交渉を準備したノルウェー、調印をとりもったアメリカ、そして、そこ

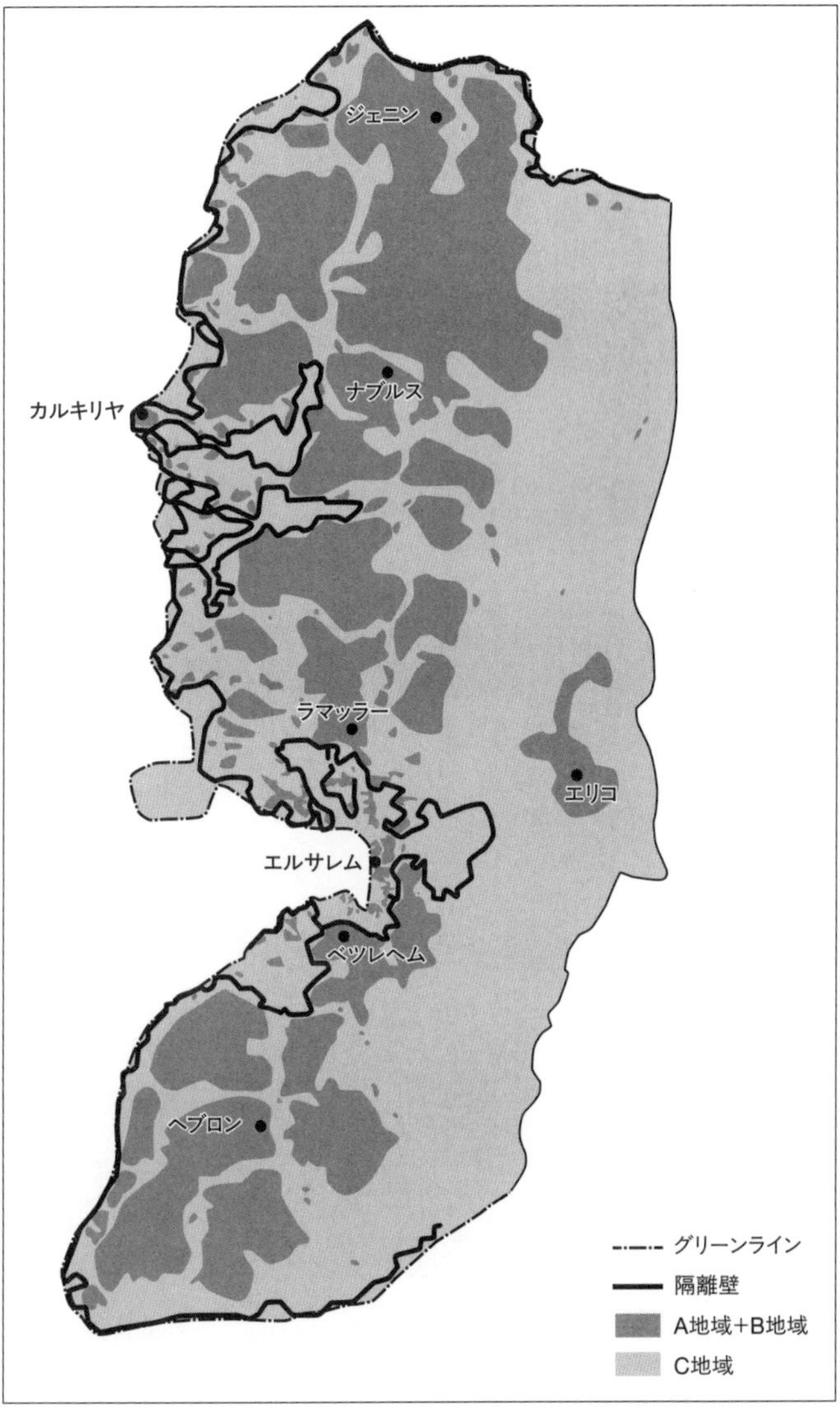

西岸地区の「自治区」 OCHA(国連人道問題調整事務所)Closure Map 2007に準拠

に参列した日本を含む世界各国が支援を約束した枠組みですから、そのオスロ体制を認めないと言えば、それは「国際社会の敵」ということになってしまう。その構図にパレスチナは組み込まれてしまったということです。

　このようにオスロ合意は、まったく不当なものですが、和平合意として結ばれ、その合意を結んだ当事者たち（ラビン首相、ペレス外相、アラファート議長）は、ノーベル平和賞を受けました。アラファートは、１９９６年にパレスチナ暫定自治政府の初代大統領に選出され、２００４年に死

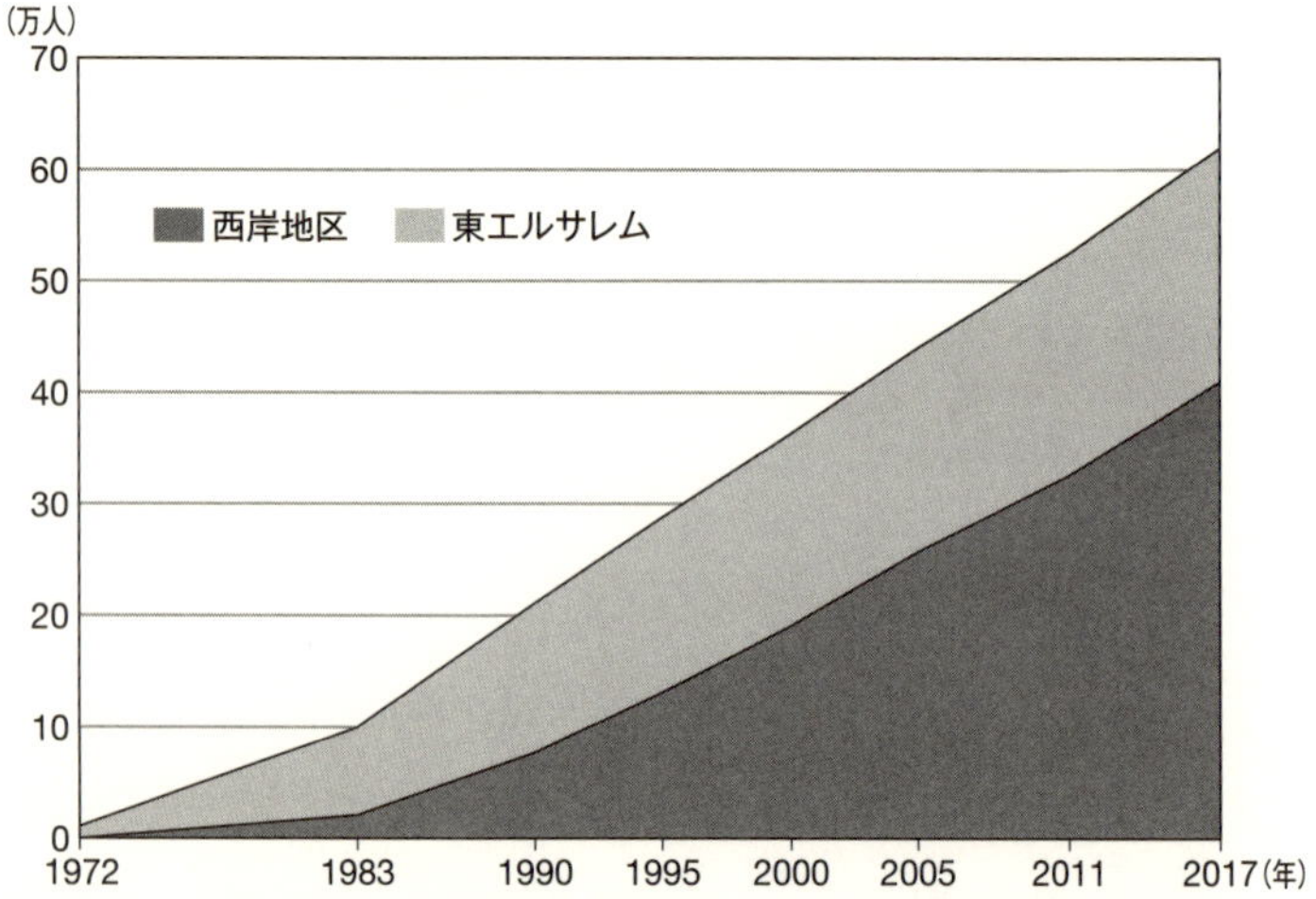

東エルサレムと西岸地区の入植者数推移　出典：Hania Walid Assali,“The Forgotten Palestinians:East Jerusalem and the Oslo Peace”, University of Califolnia Press, 2021.

去する（暗殺されたという説もあります）までその地位にありました。

一方、ハマースは、オスロ合意はまったく不当だとして一貫して反対していました。したがって、それに基づく自治政府も認めず、参加しないという立場を取りました。そのため、オスロ合意に進展があるようなときには、あえて自爆も含む武装攻撃を仕掛けることもありました。

9

オスロ合意とはなにか（2）

サラ・ロイのオスロ合意批判

サラ・ロイの「反開発」の概念（115ページ参照）で言えば、1967年の占領から第1次インティファーダが起こった87年までは、パレスチナ独自の経済活動を制限して経済基盤を弱体化し、イスラエルへの出稼ぎ労働に依存させるという、反開発の第一段階でした。オスロ体制は、反開発の次の段階にあたるとサラ・ロイは批判しています。

オスロ体制により、パレスチナの独自の経済が発展する芽をつぶしたまま――海外との出入り、物の持ち込み、経済活動も自由ではない――、イスラエルは、「自治」を盾にパレスチナからの出稼ぎの労働許可を制限し、パレスチナ人をイスラエルの労働市場から追い出してしまいました。「もはや占領はしていない。自治なのだから、パレスチナのことに責任を負わない」、ということです。

イスラエルは「自治」という名前を与えながらパレスチナの自立した社会・経済を奪い、生産力を持たせないようにしておいて、「我々は占領していない」「パレスチナが困窮するなら和平の枠組みを決めた国際社会が援助すべきだ」という立場を取り、オスロ体制のもと、EU、アメリカ、日本を中心とした世界各国からパレスチナへ援助金が入り、インフラ整備などが海外の援助で行われるようになりました。こうして、たとえイスラエルが西岸やガザで破壊活動を行っても、復旧、再建は海外諸国が資金を出す、という構図がつくられました。

パレスチナ暫定自治政府は、イスラエルへの出稼ぎ制限による失業対策として、大量の公務員を雇いました。その人件費は海外援助で賄われています。街中にたくさんの警官がいるけど仕事はない、というような状態ですが、多くの公務員を雇うことで、見た目には失業が生じません。

サラ・ロイは、オスロ体制下において、パレスチナが独自の経済開発を阻害されたまま国際援助漬けにされていること、それに国際社会が和平という名のもとに共犯的に関わらされている巧妙な占領体制について、次の段階の「反開発」だとして批判しているのです。

なぜPLOは受け入れたのか

こんなにも不平等で、パレスチナの自立の可能性がどんどん潰《つい》えていくようなものが、どうして「和平合意」として結ばれたのか。PLOはなぜオスロ合意を受け入れたのかについては、考慮するべき事情があります。インティファーダが始まった1987年から和平交渉が始まる91年ぐらいの間に、二つの世界史的に大きな出来事が起きていたのです。一つは、冷戦の終結（1989年12月）およびソ連の崩壊（1991年12月）です。アメリカがイスラエルの重要な支援国になってきたことへの対抗もあり、ソ連はPLOを支援していましたが、ソ連崩壊によってPLOの大きな後ろ盾が一つなくなりました。

もう一つは湾岸戦争（1990年8月〜91年2月）です。クウェートに侵攻し、併合を宣言したイラクのサッダーム・フセイン大統領が、国際社会から「侵攻は不当だ。撤退せよ」と迫られて、「クウェート侵攻が不当なら、なぜイスラエルによる西岸・ガザの軍事占領は容認されているのか」「イスラエルが西岸・ガザから撤退するなら、我々もクウェートから撤退する」と訴えたのです。このフセインの主張は、異なる二つの問題を結びつけた

「リンケージ論」と呼ばれましたが、「自分だけが悪いことをしているわけではない」と言わんばかりの子どもじみた議論で、国際社会からはまともに相手にされませんでした。

しかし、PLO議長のアラファートは、フセイン支持を明言します。多国籍軍が「クウェートから撤退しないと攻め込む」と脅し、世界中がサッダーム・フセインの言動に注目しているときに、「イスラエルがパレスチナを占領しているのはなぜ容認されるのか」と言ったのですから、アラファートからすれば「よく言ってくれた」と。イスラエルのパレスチナの占領に関しては既成事実化し、世界中が何も言えなくなっているときに、効果的に世界に訴えてくれたのですから。

アラファートのフセイン支持は、クウェートはもちろんのこと、クウェートをサポートしているサウジアラビアの怒りを買い、PLOは両国から提供されていた財政支援を打ち切られてしまいました。さらに、クウェートおよびサウジアラビアにはパレスチナ人の出稼ぎ労働者が行っていましたが、その人たちも追放されてしまったのです。

ソ連という後ろ盾を失い、湾岸産油国の支援を失い、出稼ぎ労働先を失い、PLOは完全に困窮してしまいました。オスロ合意がどんなに悪い条件であってもものまざるを得ないくらいまで追い込まれていたのです。

アラファートはオスロ合意締結時に何を考えていたのか。ファタハ・PLOを率いて軍事力・経済力に圧倒的に勝るイスラエルに立ち向かってきた30年超の実績があり、国際社会と数多くの困難な交渉も行ってきたので、合意を結んだあとに交渉で挽回できると高をくくっていたのではないか、と一説には言われています。アラファートの腹のうちは確認しようはないですが、パレスチナに圧倒的に不利でイスラエルにとっては何も失うものがない合意を結んだPLOは、この時点で無力化されてしまいました。

10

オスロ合意に対する世界の思想は

オスロ合意について、「あんなものは和平に値しない。とんでもない罠である。パレスチナは完全な窮地に陥った」「オスロ合意は入植地の拡大、領土化の既成事実の積み上げを許しながら、それが和平の名のもとに進むという、おぞましい事態である」とその当時から怒っていたのが、前出のサラ・ロイであり、パレスチナ生まれのアメリカの批評家、エドワード・サイード（1935〜2003）です。

ロイについてはすでにお話ししたので、サイードについて紹介します。

サイードのオスロ合意批判

サイードは在米パレスチナ人の知識人として、アメリカの情勢をよく知り、英語が堪能なことから、アラファートがアメリカでロビー活動をするときのアドバイザーになったり、英語の原稿のライターになったり、そういう形でPLOに協力してきました。PLOの議決機関であるパレスチナ民族評議会の議員をしていた時期もあります。けれども、オスロ合意を厳しく批判し、そのような状況を招いたアラファートと決裂することになりました。

それまでサイードは、PLOが「世俗的民主的パレスチナ」を掲げてパレスチナ全土の解放を目指していたときも、そこから後退して西岸地区・ガザ地区でのミニ・パレスチナ国家へと目標を変えたときも、サイード自身の主義主張との違いを超えて、PLO・アラファートを支えようとしていたと思います。しかし、オスロ合意だけは許容しがたかったのです。オスロ合意が二国家解決をタテマエとして語りながらそれを完全に不可能にしてしまうような内実であるという欺瞞《ぎまん》、そしてPLOという組織だけが内部的な権力と国際援助金を握りパレスチナ民衆を置き去りにするという不誠実さ——これがアラファートを見限る最後の一線だったのだと思います。

だからサイードはオスロ体制に対する批判として、1990年代後半には一国家解決という思想をはっきりと語るようになりました。つまり、イスラエルという存在をユダヤ人国家として認めるのではなく、また、西岸地区とガザ地区だけにパレスチナを限定するのでもなく、アラブ人もユダヤ人も一人一票の平等な市民権のもとに、西岸地区、ガザ地区、イスラエルを含めた歴史的パレスチナ地域で一国家を目指すべきということです。

サイードは、イスラエル建国前のエルサレム出身であるとはいえ、裕福な家系に生まれ、カイロにもベイルートにも生活拠点があり、アメリカ国籍を持っていたため、厳密な意味では「難民」ではありません。しかし、生まれ故郷のエルサレムの家を1948年に失っているという点では、やはり難民的な生を生きていた人です。サイードはそのことに強く自覚的で、パレスチナに住むパレスチナ人、難民のパレスチナ人、そのいずれでもないけれどもあえて自分のルーツと生き方においてパレスチナ人と名乗ることを選んだ自分のようなパレスチナ人、それらの間に分断を持ち込まないことが大事だと考えました。

ですから、サイードの一国家論は、単に政治的な次元で、オスロ体制が欺瞞だからとか、二国家解決が不可能になったからというにとどまらず、根本的な思想とアイデンティティの次元から語られているのだと思います。生前最後の刊行書籍となった『フロイトと非-ヨーロッパ人』（平凡社）で、純粋な民族アイデンティティという実体は存在しない、根源的に人は異質な要素を混じり合わせた存在なのだということから、バイナショナリズム（69ページ参照）の思想を肯定していたことは、とてもサイードらしく象徴的です。

マフムード・ダルウィーシュとサミーフ・アル＝カーシム

マフムード・ダルウィーシュ（1941〜2008）はパレスチナでもっとも有名な詩人で、アラブ世界だけでなく、世界的にも抵抗詩人として名高い人です。

詩はアラブ文学の中でとても大きな位置を占め、親しまれています。詩に曲がつけられて歌として口ずさまれることもあります。パレスチナでは多くの抵抗詩人が信望を集めています。また、書き言葉としてのアラビア語はアラブ世界に広く共有されるので、詩はパレスチナにとどまらず、アラブ世界に広がります。

ダルウィーシュの幼馴染のサミーフ・アル＝カーシム（1939〜2014）も著名な抵抗詩人です。二人はイスラエル建国前のパレスチナ北部ガリラヤ地方を故郷とし、建国後にイスラエル領にされてもなおそこにとどまり、ガリラヤ地方や北部の中心都市ハイファで、ともに詩作およびジャーナリズム活動、言論活動をし、イスラエル当局から厳しい弾圧を受けました。

アラブ世界では、詩人はしばしば詩を書くだけでなく、批評活動や、ジャーナリズム的な活動も行うので、幅広い言論活動に繋がっていきます。民族的な抵抗をさまざまな形で表現したり、呼びかけたりするような存在になると、政権には危険思想の持ち主とみなされます。その人自身が過激な政治活動をしていなくても、民衆に対して広く影響力を持てば、詩や文学、ジャーナリズムや出版活動を通して根強い民族運動、あるいは思想的な民族主義が広がることを危険視されるのです。

2023年10月末からいまに至るまで、ガザ地区に対する激しい攻撃がなされていますが、ダルウィーシュもアル＝カーシムもともに1970年代初めに、つまり西岸地区とガザ地区が67年に軍事占領を受けてから間もなくの時期に、ガザでの民衆抵抗を謳う詩を書いています。アル＝カーシムの「ラファの子どもたち」（1971年）とダルウィーシュの「ガザのための沈黙」（1973年）ですが、イスラエル国籍とされたパレスチナ人詩人の二人が、揃ってガザ地区で占領と闘う民衆を謳ったことは、民族抵抗詩人の何たるかを示していると思います。つまり、占領に抵抗するだけでなく、民族の分断にも抵抗を示しているのです。

ところで、ダルウィーシュは危険人物とみなされて、度重なる弾圧に彼が主宰し寄稿した雑誌も廃刊に追い込まれ、事務所も閉鎖され、恒常的に当局の監視下に置かれ、ついにモスクワ留学をきっかけに、亡命という形でパレスチナ／イスラエルを離れて亡命詩人になりました。

ダルウィーシュは、オスロ合意によって、西岸地区とガザ地区にパレスチナ自治区が設定されたことで、西岸地区のラーマッラーに、つまりパレスチナに帰ってきました。ラーマッラーはエルサレム近郊の西岸地区の中心都市です（本来はパレスチナ人も首都はエルサレムだと言っていますが、イスラエルに併合された状態なので、ラーマッラーが自治政府の中心になっています）。

そのラーマッラーに、ダルウィーシュは「帰還」を果たしますが、実際の故郷はイスラエル領内にあるので、本当の意味での帰還ではありません。つまりオスロ体制のもとで認められた場所に戻ることができたということで、これをパレスチナへの帰還とは、率直に喜べない。ダルウィーシュがオスロ合意を支持しているわけではないと思いますが、形の上では、オスロ体制下で許された範囲での帰還になりました。

サミーフ・アル＝カーシムは、逆に、度重なる弾圧にもかかわらず残り続け、２０１４年に亡くなるまでガリラヤ地方の村で生涯を過ごしました。アル＝カーシムは、イスラーム・ドゥルーズ派なので、兵役義務が課されていましたが、「同じパレスチナ人に銃を向けることはできない」として兵役を拒否し、この件でも投獄されています。私はたまたま、アル＝カーシムの息子とヘブライ大学で知り合って親しくなり、フラットメイトとして多くの時間を過ごしました。彼自身も父と同様に徴兵拒否者として投獄されています。彼が帰省するたびに、実家であるアル＝カーシムの家に連れていってもらい、ご飯をごちそうになって、アル＝カーシムともお喋りをするという貴重な機会を何度も得ました。

アル＝カーシムは、ダルウィーシュのラーマッラーへの帰還について、「本人の思いとは別に、結果としてはオスロ体制に対する一定の支持を与えることになったのではないか」という複雑な思いを吐露していたことがあり、印象に残っています。

オスロ合意に対して早い段階から、「欺瞞だ」「罠だ」という指摘ができるのか、それとも、「曲がりなりにも和平なのだから、不満はあれどもその中でやるべきだ」というように大きな成果であり一歩であるとポジティブに評価するのかで、立ち位置は分かれることになりました。

第3部

2000年代〜

オスロ合意後のイスラエルはどうなっているか

1

第2次インティファーダ後の一方的政策とは

第2次インティファーダ

2000年に再び大規模な民衆蜂起が始まりました。1987年からの第1次インティファーダに次ぐ、長期的、全土的な抵抗運動ということで、第2次インティファーダと呼ばれています。

直接的なきっかけとなったのは、2000年9月にイスラエルのタカ派の政治家でのちに首相となるアリエル・シャロン（1928〜2014）が、東エルサレムの旧市街にあるムスリムの聖地を、約1000人の護衛を連れてあえて挑発的に訪問したことです。この挑発行動に対するパレスチナ人の抗議運動をイスラエルの治安部隊が大規模な武力で鎮圧し、多数の死傷者を出したことに対して、一気に抵抗運動が広がりました。

オスロ合意からの約7年間で、入植活動はどんどん進み、土地は奪われ続けているにもかかわらず、PLO主導の自治政府はまったく有効な抵抗を示さず、パレスチナ独立に向けて進むような成果もあげられない。人々がオスロ体制に幻滅していた中で、シャロンの聖地強行訪問への抗議だけでなく、溜まった不満が爆発しました。

第2次インティファーダは、最初は民衆による自発的な投石や集会による抗議活動でしたが、すぐにハマース、イスラーム聖戦、PFLP、さらにファタハ傘下の武装組織アル＝アクサー殉教者旅団などのパレスチナの武装組織各派が武器を持って参入して、インティファーダの中心的な部分を占めるようになりました。拳銃、ライフル銃、手製のロケット弾、地雷などを使ったゲリラ戦が展開され、党派によっては自爆攻撃も行いました。

自爆攻撃とは、占領に対して絶望や義憤を抱く若者をリクルートして自爆ベルトを装着させて、イスラエル側に送り込み、イスラエルの街中、カフェや市場やバスで自爆させるという手法です。比較にもならないほどの圧倒的なイスラエルの軍事力を前に、有効な手立てがことごとく封じられている中で、こうした手法が採用されました。もっとも、これが有効な手立てではまったくないのですが。

ところで、この自爆攻撃は日本の報道では「自爆テロ」という言葉で表現されますが、英語圏のジャーナリズムやアカデミズムでは「テロ」という言葉は使わず、suicide bombing（自爆）や suicide attack（自殺的攻撃）という言葉を使っています。というのも、「テロ」は

「不当で卑劣な」手段であるという非難のニュアンスを込めた言葉だからです。

パレスチナの攻撃が「テロ」であるならば、イスラエル軍がガザ地区に対して行っている市民の虐殺も「テロ」です。現にパレスチナ人たちは、「イスラエル兵こそがテロリストだ」「イスラエルはテロ国家だ」と批判しています。しかし日本の報道では、パレスチナの攻撃だけが「テロ」になってしまう。日本のメディアが「自爆テロ」という言葉を用いるのは公正さに欠ける態度だと言えます。

第2次インティファーダは2005年2月のイスラエルとパレスチナ自治政府の相互休戦宣言まで続いたとされますが、そもそもイスラエルからすると、第2次インティファーダはオスロ合意に対するパレスチナ自治政府の約束違反であり、自治政府が無能だから民衆をコントロールできずインティファーダが起こるのを許してしまったのだという立場です。アラファート大統領も武装抵抗を容認しファタハ傘下の武装組織もインティファーダに加わっていたとして、イスラエルは大統領府をはじめとする自治政府の行政機関の建物や警察の庁舎をことごとく空爆ないし砲撃で破壊しました。

私は2002年から04年の間パレスチナにいて、西岸地区にもガザ地区にも行きましたが、各地で灰燼《かいじん》に帰した自治政府関係の建物をあちこちで目にしました。それぐらい圧倒的な武力でもって壊滅させられて、ＰＬＯ・自治政府は完全に降参してしまうしかありませんでした。

こんなふうに、第2次インティファーダは、オスロ合意を盾にして「抵抗運動をする奴らはオスロ合意に対する敵対者だ」「和平の敵だ」という構図で鎮圧されました。

また、第2次インティファーダ勃発の翌2001年に〈9・11〉、アメリカ同時多発攻撃が発生しました。このとき、アメリカは世界に対して、「我々は対テロ戦争を戦っている」「テロリストの側か我々の側か、どちらかだ。中立はない」と迫りました。世界を巻き込もうというアメリカの意図に便乗して、イスラエルははっきりと「我々は対テロ戦争をやっている」「パレスチナ人はテロリストだ」ということを、より一層アピールするようになりました。こうしてますます、抵抗するパレスチナ人に対して「テロリスト」というレッテルを貼りやすくなり、弾圧も激しくなりました。

一方的政策

インティファーダの最中から、イスラエルははっきりと「一方的政策」をとるようになりました。オスロ和平体制はひどく不当ですが、それでも双方の合意によるもので、双方の協力が前提となっていました。ところがイスラエルは、オスロ和平を国際社会の約束であり基本的な枠組みだと掲げる傍らで、パレスチナの側にその和平交渉のパートナーがいないということをしきりに言うようになったのです。

厳密に言うと、第2次インティファーダが勃発する直前、2000年7月にキャンプ・デービッド会談の決裂がありました。クリントン米大統領が、当時のイスラエル首相エフード・バラクとパレスチナ自治政府大統領アラファートを呼び、「最終地位協定」を結ぶことを画策したのです。先にも確認したように、オスロ合意はまだ「暫定自治」の段階で、5年以内にパレスチナ自治の最終的な地位を確定することになっていました。自治政府の発足が1994年でしたので、本来であれば99年には「暫定自治」を終えていなければなりませんでした。

クリントンは、イスラエルが西岸とガザの入植地からの全面撤退を受け入れないので西岸地区の主要な入植地（西岸の12％の面積）に関してはイスラエルの領土として併合することを認める代わりに、イスラエルからは人が住んでいない西岸地区南側やガザ地区に隣接するグリーンライン（1949年の停戦ライン）沿いの砂漠地帯の同面積を与えることで補償するという提案をしました。さらに聖地のある東エルサレムはパレスチナには返還せずに、「共同管理」とするイスラエルの主張に沿った提案をしたのです。

軍事力で占領し入植した土地の一部分は領土として寄越せと迫りながら、東エルサレムは返還ではなく一緒に管理しようと持ちかけるのは、「盗人猛々しい」と言わざるを得ません。ミニ・パレスチナ国家案からも後退しています。このような内容ではアラファートも同意するわけにはいきません。会談は決裂するしかありませんでした。

それなのに、バラク首相は譲歩したけれど、アラファートが妥協しなかった、アラファートが蹴ったかのように言われました。会談後バラクは、「交渉できる相手がパレスチナにはいない」という発言をしました。つまり話し合いに値する相手がいないという意味です。キャンプ・デービッド会談の決裂以降のイスラエルの一方的な政策は「ノー・パートナー政策」とも言われます。

そして、第2次インティファーダの最中の2002年に、隔離壁あるいは分離壁と呼ばれる壁の建設が発表されます。

　133ページの地図で――線で記されている隔離壁のルートは、主要な入植地をイスラエル領側に取り込むようになっています。グリーンラインのイスラエル側に、つまり自国領につくるならまだしも――それも非人道的であるのは確かですが、西岸地区の内部に大きく入り込む形でルートが引かれています。

　私が2004年にパレスチナを離れるときには、滞在を始めた02年には存在しなかった、乗り越えることが不可能な高い壁が延々と何十キロも広がっていまし

エルサレム近くの隔離壁 ©Kyle Taylor

た。イスラエルは治安のためであるとして「セキュリティ・フェンス」と呼び、パレスチナは「アパルトヘイト・ウォール」、隔離壁と呼んでいます。

この壁の建設も一方的政策です。一方的に壁をつくって、「ここまでは事実上の領土だ」とするものです。

一方的撤退

もう一つの一方的政策は、2001年に首相になったアリエル・シャロンが04年に発表して05年に実施した、ガザ地区からの一方的な入植地の撤去です。ガザ地区の中にある入植地と、入植者を守るという名目で置かれていた軍事基地すべてを、ガザ地区から撤収させたのです。これは「一方的撤退政策」と呼ばれています。

一方的撤退は、パレスチナと何か合意して撤退したのではなく、パレスチナのためになることが行われたわけでもありません。あくまでイスラエルの占領政策の転換に過ぎません。ガザ地区の入植地の規模は西岸とは比べ物にならないぐらい小さく、入植者は8000人程度でした。その入植者を守るために、2万〜3万人の軍人を配置してコストがかさんでいたこと、ガザ地区は併合するには資源的価値が低いということがありました。入植者は抵抗しましたが、それでもシャロンは強硬に進めました。そして、2004年の一方的撤退政策の発表のころから、外国人の立ち入りを厳しく制限し始めます。イスラエルの許可を得て活動し、イスラエルに提出した名簿に載っているNGOのメンバーや、プレスカードを発行されたジャーナリスト以外の一般外国人はガザに入れなくなりました。私が直接的にガザ地区に入って現場を見ているのは04年までです。

2005年の一方的撤退実施後、イスラエルはガザ地区の陸海空すべての封鎖をしました。そして完全にイスラエルの占領下、封鎖下にあるにもかかわらず、イスラエルは「我々はガザ地区から撤退し、もはや占領していない」とアピールするようになりました。もし抵抗運動が起これば、自主的に引き揚げたにもかかわらず抵抗を続けるパレスチナ人が悪いと、すべての責任をパレスチナ人に負わせることができます。

イスラエルが一方的政策を行ったのは、「自治政府は役立たずで交渉相手として信用していない」ということです。そもそもオスロ体制を支持しないパレスチナの人たちからは「自治政府はイスラエルの占領の手先になった」として支持を失っています。それでも、協調関係があればイスラエル側の利用価値はありましたが、イスラエルからも、「お前たちは無能だ」と切り捨てられたのです。民衆的支持もなく、イスラエルからも必要とされず、ＰＬＯは何か意味のある活動がまったくできない状態で、その時点でＰＬＯに残っているものがあるとすれば、かつての栄光と、既得権益くらいでした。

2

イスラエルはなぜハマースを敵視するのか

選挙結果を潰すイスラエル

２００６年のパレスチナ評議会選挙で勝利し単独与党になったハマースは内閣を組織しました（このときの首相が、24年7月にイランで殺害されたイスマーイール・ハニーヤでした）。ところが、欧米とイスラエルはハマースの政権を認めず、ハニーヤ政権は機能不全に陥ってしまいます。

２００６年から07年にかけて、イスラエルとアメリカはＰＬＯの中心を担うファタハに、武器や弾薬を大量に供与し、アメリカ軍に至っては、ヨルダンにあるアメリカ軍の基地でファタハの戦闘員に軍事訓練まで施していました。そうして、従来のＰＬＯだけを自治政府として認めるので選挙結果を覆せと、ファタハにクーデターを促したのです。民主的に選ばれた気に入らない政権に対して軍部にクーデターを起こさせるという手法は、アメリカが南米でもアフリカでも、いろいろなところでやってきたことです。

こうして引き起こされた2007年のハマースとファタハの内戦では、イスラエル軍が西岸地区に介入してハマースの議員や活動家を逮捕して流刑のようにガザに送り、「反オスロ合意のハマースはガザ地区にのみいる」という状況を人為的につくりました。

ハマースが一掃された西岸地区では、イスラエルとアメリカからの軍事支援を受けたファタハが選挙結果を無視して、自治政権を握ります。

ガザ地区はハマース発祥の地でハマースの地盤ですから、ハマースのほうが逆にファタハを蹴落として選挙結果の通りに政権を握りました。欧米はそのことをもって「ハマースが武力でガザを実効支配している」と言っていますが、ハマースは選挙結果に基づいて与党になっているので、むしろ「ファタハが武力で西岸地区を実効支配している」のが現実です。それにもかかわらず、日本政府がイスラエルや欧米と足並みを揃えてハマース政権をボイコットして、ファタハ中心のPLOを正当な自治政府と認めているので、日本の報道もそれに従ってしまっています。これは我々がパレスチナの現実を知る上での大きな歪みとなっています。

こうして、ガザ地区のハマース政権と、西岸地区のファタハ政権という分裂した体制ができ、二人の首相がいるという異常事態になりました。国際的にはファタハ政権のみパレスチナ暫定自治政府として認められています。しかし国内的には、ハマースにしか選挙的正統性はありません。

そういう中で、ハマースとファタハは２００７年、11年、14年と連立内閣を成立させました。イスラエルとの交渉を国際社会に認められているのはファタハだけれども、選挙的正統性はハマースにしかない。だから、その両者が連立するというのは、とてもよくわかる発想です。しかし、連立が成立しても、ハマースが連立内閣のメンバーに入っている限り、イスラエル、欧米は政権として認めません。連立の度にイスラエルはガザ地区を爆撃しました。

２００８年12月から09年1月にかけての大規模な空爆と陸上侵攻で、およそ１５００人が殺害されました。２０１２年は８日間の攻撃があり、14年は非常に大きな攻撃で、およそ２２００人が殺されています（左ページグラフ参照）。14年は6月2日に連立の合意がされ、その一カ月後の7月8日にガザ攻撃が行われたので、連立政権に対する軍事的応答であることが明確です。

連立政権は「政治交渉しましょう」というアピールです。これがパレスチナの政治的なスタンスであるとメッセージを発しているのに対して、イスラエルの回答はガザへの空爆だということです。連立は西岸とガザ両方に関わるのに、ガザだけを空爆するのです。

　こうしたガザへの空爆と陸上侵攻が繰り返されているのは、２００７年の内戦により、ガザ地区にハマースが封じ込められてからです。ようするに、不都合なものをハマースに背負わせて、ガザ地区という場所に封じ込め、大連立ができようものならガザ地区を封鎖し、空爆して、それを潰すということです。

　もちろん、イスラエルは公には連立を潰すための空爆とは言いません。しかし、ガザ地区にはハマース以外に十

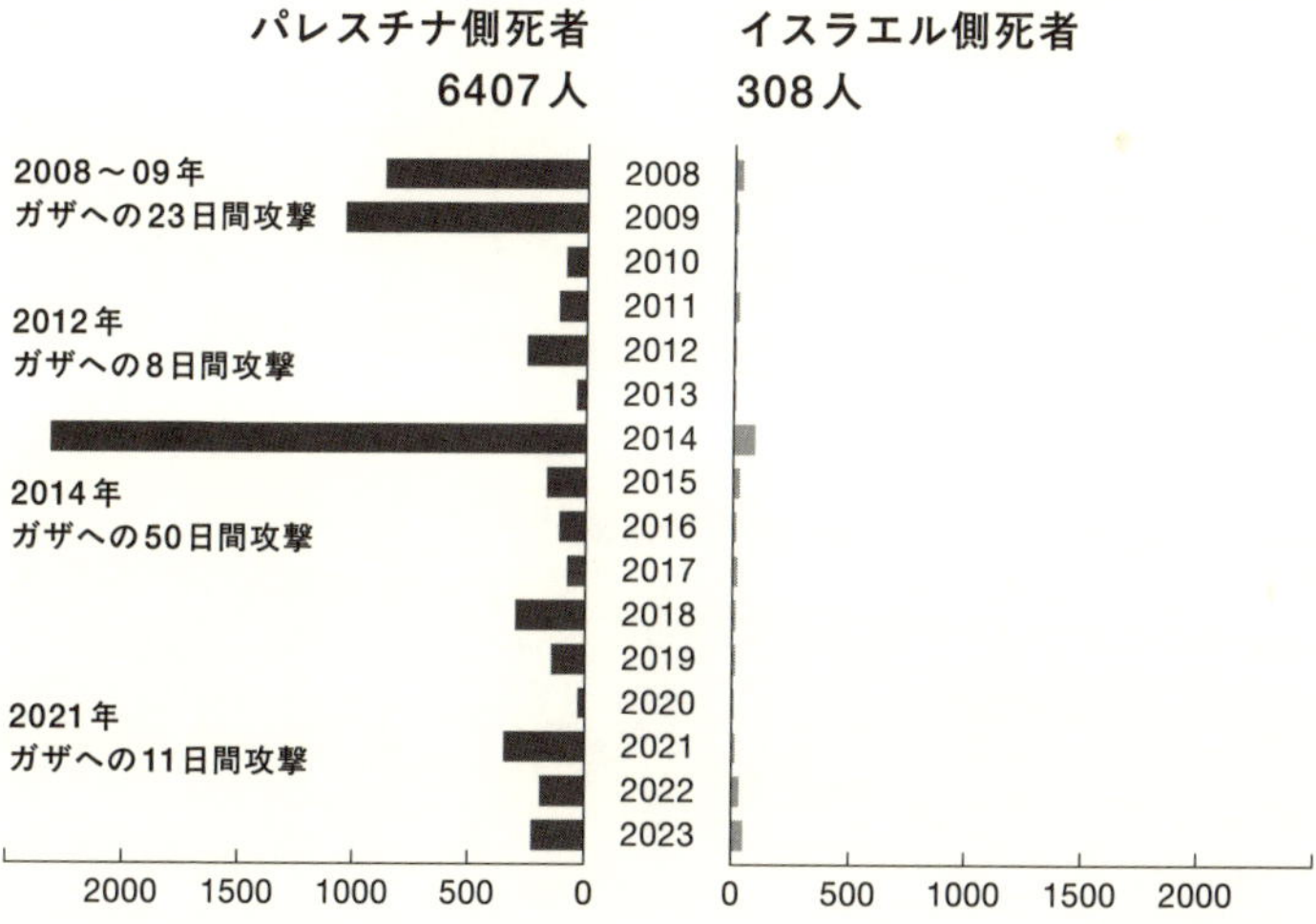

出典：OCHA

数もの党派があり、その中にも分派があって、イスラエルに一矢報いたいという党派やその末端の活動家がいます。

封鎖状態に置かれて、いつ攻撃をされるかわからない人たちを挑発し、パレスチナ側の停戦違反を誘発する状況をつくりだすことはやろうと思えばできます。実際に２００８年の大規模攻撃の前には、イスラエル軍が挑発的な軍事攻撃を行っています。ガザ地区のどこかの党派が挑発に乗れば、イスラエルはパレスチナの停戦違反を理由に、ガザ空爆を国際社会に向けて正当化することができるのです。

２００７年から連立内閣を何度つくろうと、イスラエルによる大規模な攻撃が繰り返されて潰されてきました。こういうことが、２０２３年の〈10・7〉を生む要因になっていると思います。

3

パレスチナの民意へのイスラエルの反応は

「ナクバ」の使用禁止

「ナクバ」とは、アラビア語で破滅・大災厄を意味し、1948年のイスラエル建国時に80万〜90万人ものパレスチナ人難民が生まれたときのことを指します。

ナクバについて、イスラエル自身は、計画的な民族浄化とは一切認めていません。

「自分たちは迫害していないし追い出したわけでもない、勝手に逃げたのだ」という言い分です。だから、難民の発生には責任がないし、勝手に逃げたパレスチナ人にイスラエルを批判する権利も、イスラエル領となった故郷に帰還する権利もないと主張しています。

けれども、パレスチナ人たちにとっては、何十年にもわたる苦難を象徴することであり、「自分たちはそういう大災厄を受けた」と1948年のナクバを語りついできました。

ところが、2009年、イスラエルは国内のアラブ人居住区の学校（アラビア語とヘブライ語のバイリンガル教育が行われています）で使う教科書で、「ナクバ」という言葉の使用禁止を決めました。教育相は「公立の教育制度においてイスラエル建国を大災厄と表現する理由がない。教育制度の目的はわが国の正当性を否定することでも、アラブ系イスラエル人の間に過激思想を広めることでもない」と説明したと報じられています。

この決定は、初めてガザへの大規模な軍事侵攻が行われた２００８年末から09年初めにかけての攻撃のすぐあとです。パレスチナを排除する動きの中で、ナクバという言葉を使用することを禁止したのです。

ナクバを学校で教えることを禁じるということは、子どもたちにナクバを継承していくことを否定するものです。それは、パレスチナの地がパレスチナ人の民族的郷土であるという事実を否定し、難民となったパレスチナ人が求める帰還権を否定し、難民とイスラエルに残るパレスチナ人との一体性を否定することでもあります。単にナクバという言葉一つを教えないという問題ではないのです。

さらに２０１８年7月には、イスラエルは国会で「ユダヤ国民国家法案」を可決しました。この法律では、「イスラエルはユダヤ人にとっての民族的郷土である」「ヘブライ語のみが国語である（従来はアラビア語も公用語としていたのを廃止）」とし、さらにはエルサレムを「不可分で統一された首都」と規定しています。これは、東エルサレムを「将来の独立国家の首都」として西岸・ガザの両地区で国家建設を目指すパレスチナ人の民族自決権を完全に否定しています。

さらにこの法律には、「離散ユダヤ人の帰還のために西岸地区の入植を拡大すること」と、イスラエルのユダヤ人とディアスポラのユダヤ人の関係強化に取り組むことも明記されています。これは入植活動を強化していくということとともに、第1部で触れたようにイスラエルという国がイスラエルに住んでいる人だけの国なのではなく、世界のユダヤ人のための国であるという特殊事情を反映しています。

日本の報道で、この法律は「ユダヤ国民国家法」と翻訳されていましたが、「国民国家」の部分はヘブライ語で「メディナット・ハレオム」で、英語に直訳するとthe Nation-Stateです。Nation（ネイション）という語は「国民」の意味も「民族」の意味も含んでいます。「国民」が国籍を有する者を指すのであれば、ユダヤ人だけでなくアラブ人も当然入るはずですが、法律の条文はそうはなっていません。この法律の狙いは世界の「ユダヤ民族」とは、「離散」神話に基づく「ユダヤ人種」だと規定することにあります。「すべての住民に完全な平等を保障する」という内容を含んでいた建国宣言（80ページ参照）の内容から著しく逆行していることがわかります。

帰還の大行進

２０１８年から19年にかけて、ガザで「帰還の大行進」という抵抗運動が行われました。毎週末、イスラエル領との境界に向けて大規模なデモ行進をして自分たちの帰還権をイスラエルと国際社会にアピールする運動です。18年は、ナクバによって多くの人が難民としてガザに避難した１９４８年から70年目という区切りの年でした。

１９７６年３月30日にイスラエルによる大規模な土地の接収に対する抗議への弾圧で、パレスチナ人６人が殺され１００人が負傷させられる事件がありました。そのことをきっかけとして３月30日は「土地の日」とされています。帰還の大行進は、２０１８年の土地の日からイスラエル建国の日である５月14日まで続けると宣言されて始まりましたが、毎週何千人も参加する人がいて、当初の予定を超え19年末まで続きました。

この大行進に対して、イスラエル軍は催涙弾、ゴム弾（中身は金属なので当たれば重傷を負います）、さらに実弾を浴びせました。しかも、バタフライ弾やダムダム弾と呼ばれる、当たると体内で弾頭が炸裂し、骨を砕いて筋肉や神経を引き裂くような特殊な銃弾を使いました。意図的に片腕、片脚を失わせるためです。とりわけ脚が狙われました。身体的障害を何百人、何千人にも与えるという方法をとったのです。

デモに参加するのは若者が多く、若者が生涯その傷を背負い続け、かつ、働けなくなり、家族に負担がかかるというコストを生み出します（ガザ地区ではバリアフリーはまだ一般的ではないのでなおさらです）。完全に殺すよりも、よりパレスチナを苦しめることができる、そのことが狙いだと言われていて、殺害した人数以上に腕や脚を失った人を生みました。先にあげたイスラエルに殺された人数のグラフ（163ページ）を見ると、2018年が多くなっていますが、これは帰還の大行進に対する実弾攻撃による殺害のためで、とくにイスラエル建国の日である5月14日のデモでは一日で50人以上が殺害され、2700人もが負傷させられました。

このデモは、ハマースやイスラーム聖戦やPFLPなどの特定の党派ではなくて、市民レベルのネットワークで広がったと言われています。学生団体、女性団体、文化団体、労働組合なども基盤となって、行進を呼びかけ組織する統一的な「民族委員会」が若い世代によって結成されました。政治党派は党派色を出さない形で横断的に関与しました。その点では、第1次インティファーダ以来のことで、画期的な抵抗運動だったのではないでしょうか。

しかし、境界に設けられた壁やフェンスのかなり近くまでデモをするので、境界の向こうに待ち構えるイスラエル軍のスナイパーに銃撃され、毎週負傷者も死者も出て、参加するのは自殺行為だと言われていました。

2005年のガザ地区封鎖から10年以上が経ち、00年の第2次インティファーダのころに生まれた当時18歳くらいの人たちは、ガザ地区の中しか知りません。

2019年3月にガザ地区ラファで行われた帰還の大行進
©Abed Rahim Khatib/Shutterstock

封鎖でガザ地区から出ることもできず、ガザ地区の中で援助物資を食べて生きていくしかなく何の未来も抱けない、そういう10代、20代の若者に「行くな」「命を粗末にするな」と言っても、むしろ、「殺されることが本望」という人もいて、境界際まで行進する若者が絶えませんでした。いくつか帰還の大行進を扱ったドキュメンタリーも見ましたが、親が必死に「行くな」「心配だ」と言っても、「ここでじっとしていてもしょうがない」と、毎週出かける。そういったガザの若者の姿が映されていました。

選挙結果は認められず、政治交渉を求

2019年4月の帰還の大行進。参加者は分離壁近くまで迫っている
©Ali A Suiman/Shutterstock

めて連立をしても潰される。そしてガザ地区の中からの民衆的かつ政治的なアピールのデモ行進をすれば銃弾が浴びせられ、国際社会からは黙殺される。これまで長くガザ地区を見てきた立場から言えば、このことは、〈10・7〉に繋がるような組織的な、大規模な抵抗へと追い込まれていく、そういう出来事だったのではないかと思います。

4

〈10.7〉蜂起とは

〈10・7〉に起きたこと

２０２３年10月7日に、ハマースを中心とするガザ地区における武装組織も含めたすべての党派が一斉に蜂起しました。「ハマースが」とばかり語られがちですが、すべてのガザ地区の党派の連合体が共同して作戦を立てて蜂起をしたということが、まず押さえておくべきことです。

全貌はまだ明らかにはなっておらず、越境作戦に参加した人数にも諸説あって、１５００人から３０００人程度と見られています。誰がガザ地区からフェンスや壁を突破してイスラエル領へ行ったか、そのうちのどれぐらいがイスラエル軍に制圧される際に殺害されたのかということも、明らかではありません。イスラエル側もイスラエル領で何人のパレスチナ人を捕虜にし、何人を殺害したのかを明らかにしていません。

越境作戦では、ガザ地区からイスラエル領へのロケット弾の一斉発射と同時に、陸上から7カ所の検問所を攻撃して突破、一部は上空からパラグライダーで、海上から小型ボートで、イスラエル領内に侵入しました。そしてガザ地区の周辺にあるキブツ（85ページ参照）と呼ばれるユダヤ人の村落共同体およそ15カ所と二つの町、二つの音楽祭会場が襲撃されたほか、イスラエル軍基地4カ所と、町の警察署1カ所、そして先述の軍事検問所7カ所が攻撃されました。多くの死者を出し、イスラエルの軍人と民間人およそ250人が拘束され、ガザに移送されて人質とされました。

イスラエルは「前代未聞のテロ」だとして、即座にガザ地区に対して「報復攻撃」および「ハマース掃討」を謳った攻撃を始めました。こうしたことが明らかになっています。

当初はイスラエルの国内メディア、欧米や日本のメディアもイスラエル軍の広報や政府の発表に基づいて「ハマースがイスラエルの市民を標的にし、1400人が殺害された」と、一斉に報じました。その後、死体がイスラエル市民なのか、パレスチナ側の戦闘員なのか、カウントに間違いがあったことがわかり、人数は訂正されて、現在では1139人と報じられています。

犠牲者の調査が行われていない

パレスチナの抵抗運動のグループは何を狙って蜂起したのか。それを考えるときに、誰がどのようにそこで殺されたのかを知ることが重要です。死者のうちイスラエルの軍人は370人強、民間人は700人あまりが殺害されました。

イスラエル軍は実質的に西岸地区とともにガザ地区を占領下に置いています。ですからイスラエルの軍人の死者というのは、占領軍の死者ということになります。であるなら、占領軍の軍人に対する攻撃は、抵抗権の行使であると言うことができます。抵抗権とは、歴史的に暴政、独裁者に対する市民の抵抗権であることから、教科書的には「自決権を求める人々が、その目的を達成するために他の方法がない場合、武力を行使することができる」と説明されます。

ガザ地区の場合、完全に封鎖された占領下に置かれています。その中で、選挙でハマースを政権に選んだのは、パレスチナの人々の自決権の行使です。にもかかわらず、その政権を国際社会が認めないために、交渉をしようとファタハとの連立政権を何度も組んだけれども軍事力で潰されました。さらには平和的なデモをしても狙撃され、国際社会からは黙殺されました。ありとあらゆることを積み重ねてきているけれども、それがすべて否定されています。このことに照らしたときに、抵抗権で言う「他の方法がない」というところまで追い込まれていたと言えるのではないでしょうか。

軍人が殺害されたという部分に関しては、単に「テロ」であるとか、「市民が殺害された」というのとは異なると思います。

また、700人あまりの民間人の死者に関しても、のちに、その相当数がイスラエル軍によってパレスチナの戦闘員もろとも殺害されていたことを、欧米メディアの検証報道だけでなく、イスラエル国内の新聞・テレビでも報じています。300人以上の死者が出た音楽祭の会場では、そこから逃げ惑う車が何十台も機銃掃射で穴だらけにされて炎上したのですが、これはイスラエルの戦闘ヘリによる上空からの機銃掃射によるものです。パレスチナ側に戦闘ヘリはありません。また襲撃されたキブツや町でも、生き残った目撃者たちが、自分たちが人質とされて武装グループが立てこもっているところを、もろともにイスラエル軍に砲撃されて人質も殺されたと証言しています。

生存者の証言や映像資料からこれらのことが検証され、確認もされているのですが、問題は、誰がイスラエル軍の制圧によって殺害されたのか、あるいはパレスチナの戦闘員によって殺害されたのか、一人ひとりについてきちんとした検証が正確になされていないことです。イスラエル軍は自軍が自国民を殺害したとは公式には一切認めていません。

調査されていないので、700人以上という民間人の死者のうちの何人がパレスチナの戦闘員によって殺害されたのかがわかりません。もしかすると、大半がイスラエル軍による制圧時の死者かもしれないし、イスラエル軍による死者は限られた一部なのかもわかりません。正確には「わからない」ではなく、わからないようにさせられているのです。

1139人と言われる死者を、370人あまりの軍人と、700人あまりの民間人という内訳も明らかにせず、パレスチナの武装勢力の戦闘員が殺したのは何人で、イスラエル軍が殺したのは何人かということも明らかにせず、「すべてハマースのテロ」だとしてイスラエルは政府発表で一気に世界に発信しました。そのため、〈10・7〉以降のイスラエルの報復攻撃はどんな残虐行為であっても、最初にハマースがやったからという形で粗雑に正当化されてしまっています。

一方、2024年1月21日にハマースが「我々の主張　アル＝アクサー洪水作戦（Our Narrative… Operation Al-Aqsa Flood)」という文書を発表しています。その中で、自分たちが民間人の死者を部分的に出してしまったことは認めています。自分たちはあくまでイスラエル軍の軍事基地あるいは検問所等の軍事拠点を標的にしたのであって、イスラエルの市民を殺すことを意図した作戦ではなかったが、交戦中の出来事として殺害したケースがあることは認めるし、それについてはぜひとも国際刑事裁判所、国際司法裁判所に調査してもらい、公正に裁いてもらいたい。国連機関による調査を拒否しているのはむしろイスラエルだと主張しています。

5

〈10.7〉とは何だったのか

イスラエルは知っていた

事実として言えることと、私の推測の部分とがあるので、そこは切り分けてお話ししなければなりませんが、まず事実として言えることは、ガザ地区からの大規模な一斉蜂起があるという情報を、イスラエル軍・政府は事前に得ていたということです。

イスラエルの諜報機関からも、軍の情報部からも、イスラエルと協力してガザの治安維持・監視にあたっているエジプト軍からも、その情報は伝えられていました。諜報機関の人たちは、自分たちが仕事をしていないと言われたくありませんから、「我々はその情報を把握し、上層部に上げていた」と言っています。同じく、エジプト軍も、武装グループが蜂起の準備をしていることは事前に伝えていたと話しています。そのことはイスラエルも認めています。しかし、「情報を見誤った」「軽視した」と言っています。

次に事実として言えるのは、イスラエルは１９６７年の軍事占領以来、ガザ地区でも西岸地区でも、たくさんのコラボレーターを使っていることです。コラボレーターとは、密告者、内通者、工作員です。おそらくガザ地区でも、常時何百人という人がイスラエル軍のコラボレーターとして働いています。どんな軍事占領にも伴う、あるいはどんな植民地支配にも必ずあることですが、何らかの弱みを握られていたり、家族を人質に取られていたり、貧困ゆえにお金を握らされたりして、イスラエルに協力させられている人たちです。イスラエルはガザ地区の中にいるコラボレーターを通して、直接的にたくさんの情報を得ています。

また、現在ではガザ地区の中を24時間、偵察ドローンや監視気球がたくさん飛んでいます。何機飛んでいるかもわからないくらい、あちこちに飛んでいます。それに加えて、近年のスパイウェアもあります。パレスチナ内の通話、メッセージやメールのやり取りなどの膨大な通信がイスラエルによって傍受されています。

これらのことを考えると、イスラエルがこれほどの規模の一斉蜂起を把握していなかったはずはありません。武装組織の動きを伝えるちょっとした情報でさえ、それに対する予防攻撃を行っているくらいなので、ガザ地区全土から一斉蜂起があることを見落としていたというのは、あり得ない話です。虚を突かれたとか、寝耳に水ということはあり得ません。どの日時に、どれぐらいの規模で、どういう作戦かというところまで把握していてもおかしくありません。むしろ、把握していないと考えるほうに無理があります。

客観的な事実は、イスラエルの諜報機関もエジプト軍も情報を把握して報告していたこと、イスラエルはコラボレーターを使っていること、多数の偵察ドローンなどを24時間飛ばしていること、スパイウェアを使ってほとんどの通信を傍受していることです。

ここからは、確かめようがないけれども可能性として考え得ることです。イスラエルは、ある程度の規模の蜂起がいつごろあるかはわかった上で蜂起させ、かつ、一定の市民の犠牲もいとわずに制圧し、市民の犠牲も含めてすべてをハマースのせいだとすることで、その後の大規模なガザ侵攻を正当化するための口実を得たのか。パレスチナの武装勢力が「テロ」を行い民間人を殺し前代未聞の犠牲者が出たのだからガザ地区で何をやっても許される、どんなことでもできるという状況を意図的につくったのか。

以上のことについては、あくまで可能性です。これが事実だと断定することは、陰謀論のようになってしまうので、私の推測であることをお断りしておきます。

もう少し深くみる

これも慎重に語るべきことですが、「民間人」とは誰のことかについてです。〈10・7〉では、ガザとの境界に近いキブツや町の民間人が犠牲になりましたが、難民として狭いガザ地区の中にいる人々から見たときに、その人たちはどんな存在かと言うと、自分たちを無理やり追い出してそこに居座っている人たちです。壁の向こう側、数キロの場所にあるキブツなどは、自分たちのかつての故郷で、そこをイスラエル側が潰し、奪い、乗っ取った入植地です。そのために自分たちはガザ地区で難民になっているのです。ただ単にユダヤ人の村落があるということとは違います。

パレスチナの抵抗運動とは、平たく言えば、パレスチナ難民たちの故郷への帰還の権利主張です。その人たちからすると、キブツの住人はまさに自分たちの故郷を奪った収奪者という認識です。

しかもそうしたキブツは、難民となったパレスチナ人たちが境界線を越えて故郷の村へ帰還しようとしたり、家財道具や農機具を取りに戻ったり、農地や家畜の様子を見に戻ろうとするのを防ぐために、ガザ地区が形成されたイスラエル建国直後にあえて意図的に境界線の目と鼻の先に「前哨基地」としてつくられたものなのです。つまり建国直後にそのような最前線にあえて住む人々は、ガザ地区からの越境者と戦う民兵でもあったわけです。

だからといって、非武装の民間人が殺害されていいと言っているわけではありませんが、ガザの人々にとって、今回襲撃された村々の民間人は故郷の土地を奪ってくらしている人たちだということは忘れてはならないと思います。

また、「文化的で平和的な音楽祭の会場が狙われた」と言われることにも違和感があります。ほんの数キロ先に、フェンスと壁で囲まれ、20年近くもの間封鎖されて兵糧攻めに遭い、飲み水さえ十分にない、電力供給も一日数時間あるかないかというほどに、基本的な生活基盤がイスラエルによって制限されているガザ地区がある。そのすぐ近くで電力を無尽蔵に使って、夜通し飲み食いしながら音楽イベントが開催されていました。

繰り返しますが、だから殺されていいと言っているわけではありません。ただ、平和的で文化的な音楽祭の会場を武力で襲うのはとんでもないテロリズムだと言われるわけですが、しかし、ガザ地区にくらす220万人もの人々が自分たちの政府の政策によって飢えで苦しみ、飲み水さえ十分にないその目の前で、音楽祭をやっていることのグロテスクさを考えないわけにはいきません。

キブツがあった場所も、音楽祭の場所も、そこはまさにガザ地区の人々がかつて住んでいた、奪われた土地であり、目と鼻の先の壁の向こう側で集団飢餓が生じさせられているというような状態で、ふんだんに資源を使ってくらし、ふんだんに電力を使って音楽祭を開いていることに関して、なぜその倫理性が問われないのか。そのことに関して、とても大きな違和感があるということです。

人質について

それから、もう一点、人質作戦のことにも触れておきましょう。およそ250人のイスラエルの軍人と民間人が、パレスチナの組織に人質として拘束され、その一部が釈放され、一部はイスラエルの容赦のない大規模な空爆の中で殺されました。それでも2024年12月の時点でまだ100人ぐらいがガザで人質として拘束されていると考えられています。

人質を取ったこともまた、ガザ地区が灰燼《かいじん》に帰《き》すほどの攻撃を受けるのも仕方がない、自業自得だと言われる一つの理由にされています。

一方でイスラエルはパレスチナの西岸地区、ガザ地区で容疑さえ示さず、恣意的にパレスチナ人を拘束し、イスラエルに監禁しているという状況があります。投石をしたとか、政治組織に関わったという嫌疑をかけられることもありますが、何の容疑かも示されずに、裁判手続きも経ないで、何年も監禁されているようなパレスチナの人々が常時何千人もいるのです。監禁中は、虐待、拷問、非人道的な扱いが行われています。監禁中に障害を負ったり、亡くなる人もいます。

「イスラエルもやっている」ということが言いたいのではありません。しかし、欧米や日本はこの状況には触れずに、イスラエル人が人質に取られると、ガザ地区は攻撃されても仕方がないというような捉え方をします。パレスチナ人の命が軽んじられている、そのダブルスタンダードは指摘されるべきでしょう。

〈10・7〉以降、イスラエルによる拘束、逮捕は、ガザ地区だけでなく西岸地区でも加速しています。加えて、収容所、あるいは拘置所において、パレスチナ人全体に対する攻撃性が非常に高まっていて、拘束中の死者が増えています。イスラエルがそのことで国際社会から非難されることはありません。けれども、約250人のイスラエル人が人質になった、そのことをもってガザ地区は壊滅させられても仕方がないのだ、というような、この非対称性は指摘しなければなりません。

なぜ人質を取ったのか、人質を取ってどうしたかったのかについても触れておきます。これについても事実だとはっきりしている部分と、推測の部分があります。

選挙結果も連立政権も踏みにじられて、言論上の訴えが通用しない中で行われた抵抗／蜂起の中で、人質作戦をとったのは、そのことでイスラエルと交渉ができるという賭けに出たのだと推測できます。

過去に、ギルアド・シャリートというイスラエルの軍人が、2006年から5年以上にわたり、人質としてパレスチナの抵抗運動勢力によって監禁されていたケースがありました。その間に解放に向けての多くの交渉があり、最終的にイスラエルに収監されているパレスチナ人の男性1000名、女性27名との交換でギルアド・シャリートも解放されました。

ここからは推測ですが、一人の軍人で、それだけの交渉ができたという前例があるので、より多くの人質がいれば政治交渉ができるだろうと考えたのではないか。監禁されているパレスチナ人の釈放や、ガザ地区の封鎖解除などの獲得を目指して人質を取ったと考えられます。ですが、その見通しが甘かったとも言えるかもしれません。イスラエルが人質の解放よりも、ハマースの壊滅、ガザ地区の破壊を重視してくるというところまでは、パレスチナの抵抗運動の側で読み切れなかったのかもしれません。

6

ガザ侵攻でなにが起きているのか

民族浄化が行われている

「ハマース掃討」という名のもとに、イスラエル軍によって民間人を巻き込む空爆や連行、殺害、処刑、ありとあらゆる蛮行がなされています。

住宅地、学校、病院、診療所、モスクや教会、工場や商店、発送電施設、上下水道の施設などのインフラを含めて、ことごとく破壊しています。

つまり、社会全体を破壊しているわけです。こうした生活空間の全体的な破壊はいまに始まったことではなく、2008年の攻撃から12年、14年と、継続し、かつエスカレートしてガザ地区の各地で行われてきました。今回の攻撃もその延長上にあり、その規模が全域に広がったということです。

当時のガラント国防大臣が〈10・7〉の翌々日に、「我々は人間動物と戦っている」「電気、食料、水、ガスのすべてを止める」と宣言して実施し、人道危機、集団飢餓を意図的に戦略として用いています。ガザは完全に非人道的な壊滅状態にされて、餓死者も出ています。戦時下においても、民間人を兵糧攻めにすること、物資を止めて人為的に飢餓をつくることは国際人道法違反です。空爆にあわなくても、ジェノサイド（集団虐殺）にあっているという状態です。

さらには、住宅地、インフラのみならず、中央公文書館や中央裁判所、すべての大学を破壊しました。空爆するだけでなく、無人となった建物を発破によって木っ端微塵にしたのです。このことによって、ガザ地区から歴史的な記録、文書、公文書、あるいは研究、文化、教育にか

2023年10月10日、イスラエルの攻撃により破壊されたガザ・イスラーム大学。2024年4月28日撮影 ©Khaled Daoud/APA images via ZUMA Press Wire／共同通信イメージズ

んする蓄積が、一掃されてしまいました。

これは、文化を否定し、歴史、記憶を否定し、そういうものを継承する民族を否定することです。民族集団を丸ごと否定する、民族浄化＝エスニック・クレンジングと言うことができると思います。

２０２３年10月の攻撃開始直後から、イスラエル軍はまずガザ地区北部一帯の住民に中部へと避難するよう指示しました。従わずに残っていれば、容赦なく「テロリスト」とみなして殺すという脅迫つきでです。そうして北部に壊滅的な打撃を与えました。次に中部からもさらに南部へ退避することを指示し、同様に中部地域も壊滅させ、大半の住民をエジプトとの境界地帯のラファ周辺に集めました。２２０万人のガザ地区住民のうち最大で１５０万人がラファ周辺に身を寄せたと見られています。避難者テントが隙間なくびっしりと並びましたが、まったく足りず、多くの人が食料も水道やトイレもない状態で、放り出されました。しかし、その避難者が殺到した南部にも、イスラエルは空爆・侵攻しました。

北部から中部、南部へと追い立てられた集団避難で、ガザ地区住民が手荷物のみで延々と歩かされる様子は、１９４８年のナクバとの類比で「ナクバ２０２３」とも呼ばれました。皮肉にも、「ナクバ」を学校の場で教えることが禁止されているにもかかわらず、イスラエル兵らが作戦中のガザ地区で、破壊して住民を追い出した住居の壁にペンキで「ナクバ」と書いてその写真を投稿するということさえ見られました。48年の出来事が追放であり、現在進めている作戦もまた追放であることを認めてしまっているわけです。

イスラエルは殺そうと思えばもっと殺せる

こうしたガザ攻撃によって、イスラエルは何を意図しているのか。

2024年12月までに4万5000人を超える死者が出ています。大変な規模の虐殺ですし、皆殺しに遭っているとも言われがちなのですが、本当にパレスチナ人を皆殺しにしたいのであれば、イスラエルにはそれをする軍事力があります。

イスラエル軍はガザ地区への攻撃を続けながら、同時に、西岸地区でも十分に軍事展開ができ、シリア、レバノン、イランを相手にしても軍事力を行使する戦闘能力を十分に持っています。実際、散発的に続いていたレバノン南部を拠点とするイスラエルに対する抵抗組織ヒズブッラーへの攻撃を2024年9月から本格化させ、2カ月ほどで3000人以上のレバノン人を殺害しました。もちろんその間も西岸地区とガザ地区への攻撃が弱まったりはしていません。イスラエルの持っている軍事能力からすれば、短期間に4万人、もしくはそれ以上の死者を出すこともできるでしょう。核兵器さえ保有しており、ガザ地区への使用を口走る閣僚もいます。圧倒的な軍事力でガザ地区を消滅させること自体が可能であるにもかかわらず、それを行っていないことについて、考えてみる必要があります。

まず、イスラエルは、1139人のイスラエル人の犠牲に対しての報復としてガザ攻撃をしているわけではありません。国民感情を煽って、イスラエルの行為を正当化するために、10月7日の出来事を利用しているのです。

飢餓やインフラの崩壊などを生じさせ、ガザ地区が徐々に生存不可能な空間になっていくことを世界に印象づけながら、最終的にはガザを社会として成立しないように無化してしまうことが目指されています。これは以前から周到な意図をもって継続してきたことで、サラ・ロイが言う「反開発」にも通じています。もし全住民の大虐殺を実行してしまったら、国際社会からの反発は必至です。

4万人というとてつもない数の死者のほとんどが市民、民間人であることを考えれば、ジェノサイドにあたります。それは強く非難しなくてはいけないことですが、軍事力でガザ地区を消滅させていない、あるいはできないのはなぜなのかを想起しなければいけません。

人道問題にすり替えてガザの消滅を図る

ガザ攻撃をめぐっては、イスラエルが人為的に生じさせている社会の破壊でありイスラエルの占領の責任が問われる問題としてではなくて、非政治的な人道危機であると位置づけていく、そういう戦略がとられています。

人道危機であるから人道支援が必要だという形で、いかに国際社会の目を占領から逸らして人道問題にすり替えていくのか。イスラエルは戦略を練って、作戦を展開していることに注意が必要です。だからこそ食料危機や医療危機を引き起こすことも今回の作戦の中に含まれていて、そうして意図的につくられた食料危機、医療危機に国際社会が手を差し伸べなければならない、という流れに持っていこうとしています。

また、このようなガザの状況に対して、「人道問題として避難が必要ではないか」という声もありますが、これもイスラエルが意図的につくりだしたものと言うことができます。

〈10・7〉のわずか1週間後ぐらいに、ガザ地区から住民全員をエジプトのシナイ半島に「避難」の名目で移送する計画について、イスラエル政府内で共有された内部文書が漏洩しました。〈10・7〉以前から検討されていた膨大な検討文書があり、その主要な内容を要約した十数ページの文書が出てきたのです。

その文書では、人道的な意図でガザの住民をエジプトのシナイ半島に避難させるが、エジプトは受け入れにも費用負担にも同意しないだろうから、シナイ半島は一時的な避難者収容所とし、その後エジプトだけでなく、アラブ各国に再移住・定住を促し、ガザ地区の住民を分散して各地で吸収させるとしています。

シナイ半島のイスラエルとの国境沿いに220万人のガザ住民が集住していてはパレスチナの難民問題として残り続けるので、イスラエル自身が分散・吸収を望んでいるということです。そして避難・受け入れの費用はEUと湾岸産油国が負担し（イスラエルもエジプトも費用負担はしない）、全体の調整をアメリカに要請する、つまりEU、エジプト、湾岸産油国を巻き込んで、アメリカが調整役になってガザ地区の消滅を図るということが書かれていました。

この漏洩文書は公文書であることをイスラエル政府は認めましたが、あくまで検討案の一つという説明です。

じつは、ハマースが支配するガザ地区という形態になった2007年から、イスラエルはガザを消滅させるための案を繰り返し、手を替え品を替え出してきました。

ガザ地区自体をエジプトの領土にして、ガザ住民を徐々にエジプトに吸収させる案や、シナイ半島の3分の1ぐらいの土地を「グレーター・ガザ」と称して、ガザ地区の住民全員を移住させる案をアメリカ政府を通して提案し、アメリカによる経済支援や軍事支援を餌として、エジプトを説得してもらおうとしましたが、いずれも不調に終わっています。

つまり、ガザ住民の移送計画は唐突に始まった話ではなく、〈10・7〉以降の状況に便乗して、また出てきたのです。

1967年の占領からずっと、ガザ地区をどうするのかということに関してイスラエルは一貫して――2005年の一方的撤退などの方法の転換はありますが――、いかに無力化するか、いかにパレスチナの難民問題をないものとするか、消滅させるかを考えてきました。そしていかにガザ地区と西岸地区の政策を連動させてパレスチナ全体を無力化していくかを画策しています。パレスチナの難民問題の抹消とパレスチナ全土の乗っ取りを最終的な到達点としてガザ政策を行っているのです。

7

ガザ侵攻でイスラエルが得る利益とは

パレスチナ実験室

イスラエルはしたたかに、いかにガザ地区を使って最大の利益を上げるかを考えています。イスラエルは核兵器さえ持っていて、〈10・7〉以降にその使用可能性を明言した閣僚もいましたが、核兵器を落とせば自分たちが使えない土地になってしまいますし、国際社会からの孤立が懸念されるので、政府内でも非難されました。つまり人道的に使わないのではなくて、自分たちの利益をどう最大化するのかを考えているということです。

そういう利益を得るということの中に、「パレスチナ実験室」とも言われる考え方があります。2023年にアメリカとイギリスに拠点を持つ出版社から『パレスチナ実験室――イスラエルはいかに占領テクノロジーを世界中に輸出しているか』(Antony Loewenstein, *The Palestine Laboratory: How Israel Exports the Technology of Occupation around the World*, 2023)という研究書が出版され、注目を集めています。

それはすでに2000年の第2次インティファーダのころから始まっています。翌01年に〈9・11〉アメリカ同時多発攻撃が起き、アメリカが「世界は対テロ戦争に入るのだ」と言いました。イスラエルはそれを大きなチャンスとして、「対テロ戦争の技術と経験に関しては蓄積がある」「我々こそが、パレスチナあるいはアラブ諸国を相手に最先端の対テロ戦争を戦ってきた」と名乗りを上げて、「実戦で性能は実証済み」を謳ってセキュリティ産業や、防衛産業、武器産業を国策にしていきました。

2000年代以降、顔認証カメラやドローンや通信傍受の技術がイスラエルにおいて急成長し、パレスチナの全住民の生体データや通信記録（通話だけでなくSNSでの投稿やコメントまで）を蓄積して、誰がいつどこを通ったか、誰と何を通話したか、どんな書き込みをしたかまで監視できるようになりました。ガザ地区と西岸地区で開発、実用化したこのような技術を世界に売り込み、輸出するようになったのです。

イスラエルは官民一体となった軍事見本市「イスラエル防衛・国土安全保障エキスポ（ISDEF）」を世界各地で開いていますが、その第1回は2007年でした。日本でも2018年に神奈川県川崎市で開催したことがあります。私は研究者の抗議声明を取りまとめて、武器取引に反対する市民活動団体と一緒に川崎市に行って抗議しました。

他に国際的な軍事見本市「ＤＳＥＩ（防衛・セキュリティ総合展示会）」および「ＭＡＳＴ（海洋・航空装備技術展）」が、近年日本でも隔年で開催されており、イスラエルの軍事企業も積極的に出展しています。もちろん「実戦で性能は実証済み」を売り文句にして。

ＡＩの戦争利用

また、〈10・7〉以降指摘されているのが、ガザがＡＩ（人工知能）を本格的に使った大規模な軍事攻撃の実証実験の場であるということです。

ガザの全住民を対象にした顔認証のカメラやスパイウェアなどから、誰がどういう移動をして誰と接触したか、通話やメールやチャットの記録、ＳＮＳへの投稿・コメント等々、あらゆるものをデータ化し、それらのデータをもとに、「ラベンダー」と名づけられたＡＩが、「この人物はハマースの上位の活動家である可能性が高い」「ハマースの活動に関与しておりメンバーの可能性がある」「イスラーム聖戦のメンバーの可能性が高い」といったことを１００段階で数値化してランクづけし、標的にすべき対象を示しているのです。

問題は、「本当にその人物がそうなのかどうか」、人間がいちいち検証していてはスピードが損なわれるので、AIが標的を出してきたら、兵士がそれに従って機械的に攻撃を指示していることです。イスラエルは誤差はあり得るが大した問題ではないと主張していますが、大いに問題があります。

まずは、AIが出してくるものはあくまでデータ上の蓋然性でしかない、つまり、ハマースのメンバーであるという認定に間違いがあるかもしれないという問題です。この点はイスラエル軍も誤差の存在を認めており、それでも殺害していいと判断しているということに、パレスチナ人を同じ人間とみなしていないことが露呈しています。

次に、「この人物はハマースの可能性が高い」とAIが標的認定しても、ハマースの戦闘員ではない可能性が十分にあることです。ハマースは政党でもありますから、ハマースのメンバーであるということは、日本で言えば自民党員だったり公明党員だったり共産党員だったりするのと同じ面があります。またハマースは社会福祉事業もやっているので、ある人が「私はハマースのメンバーである」「ハマースで活動している」と言っても、何らかの政治活動や社会事業をやっているということだったり、あるいは単に誘われて党員になっているだけとか、自分の社会的な帰属が欲しくてメンバーになっているだけかもしれません。私が現地を歩いて見聞きした経験からも、カフェの店員や、タクシー運転手、無職の人が、「自分はハマース」と言っているだけのこともあるわけです。

イスラエルも当然それは知っていますが、ＡＩの認定した標的を検証することなく攻撃しています。こうしてイスラエルがＡＩに判断を委ね、それに従って攻撃をしていることが、死者の増大に繋がっています。

さらに、ＡＩが指示してきた標的を一番確実に殺せるタイミングは帰宅後に家で寝ているところだという判断から、イスラエル軍は夜間に家族ごと攻撃しています。この攻撃方法に関してイスラエル軍は、「標的1人につき15～20人の巻き添えを許容する」という指針を示しています。必然的にほとんどの犠牲者が民間人という状況を生み出すわけですから、「ガザ地区にハマースがいる以上、ガザの住民はテロリストの支持者とみなして誰を殺してもいい」という論理が導き出されてしまいます。

この住民殺害を正当化する論理は、２００6年のパレスチナ評議会選挙後に誕生したハマース政権を西岸地区から排除して、あえてガザ地区に隔離したところから、すでに準備されていたものだと言えます。つまりオスロ体制に反対するハマースが、パレスチナ全体の民意を受けたのではなく、ガザ地区のみを拠点としているかのような構図に陥れたことで、「ハマース＝ガザ地区＝反オスロ＝テロリスト」という等式が捏造されたわけです。

もう一点、武器の見本市と通じますが、なぜこのようなＡＩを使った攻撃を欧米各国、日本が容認しているのかという問題があります。それは各国が将来的にＡＩを使った戦争を具体的に想定しているということです。ＡＩの活用は、すでにいろいろな分野、場面で進められていますが、アメリカもＥＵも日本も軍事レベルでＡＩをどう使っていくのかを当然考えているので、イスラエルがいまやっていることは実戦における実証実験というわけです。

いままでも、いろいろな武器がパレスチナでの使用を通して開発され、世界中に売られてきたわけですが、今回のガザ攻撃でもＡＩを軍事利用する実証実験が行われているのです。

8

イスラエル国内でのガザ侵攻の受けとめ方は

ヨーロッパ中心主義とレイシズム

〈10・7〉で一方的にイスラエル人が殺害されたという報道——それは国内外に対する意図的なアピールだったのですが——そういう宣伝がなされたこともあって、イスラエル国内では、ガザへの攻撃は「報復」という形で正当化されました。その後ずっと続くガザ地区に対する家屋の破壊、兵糧攻めによる飢餓政策も含めて、非人道的で恐ろしいことが行われていることに対しても、イスラエルの中では、それが正当化されるような雰囲気や論理、つまり「ハマースはテロ組織で、ハマースが仕掛けてきた以上、パレスチナ人は集団懲罰を科されるべき」という言説が非常に広く共有されてしまっています。

とくにSNSで情報を得ることが多い現代では、積極的に情報を得ようとする人はエコーチェンバーによって自分と同じ価値観・考え方の発信をフォローしがちですし、フィルターバブルによって似た傾向の情報ばかりがフィードバックされることになります。〈10・7〉から長い時間が経過して、イスラエルや欧米のジャーナリズムから冷静な検証報道や批判的分析が出てきても、イスラエルのマジョリティにはそういった情報が届かず、相変わらず「ハマース＝テロ」という傾向の情報ばかりが繰り返し流通しているというわけです。

パレスチナ人を殺してもいいという思想の背後には、長い文脈で見れば、ヨーロッパ中心主義があります。アラブ人＝パレスチナ人が、アジア、アフリカの野蛮の一部とみなされて、いろいろな意味で劣った人種であるがゆえに、自分たちと同等の人権を認めない、自決権を認めないことが正当化される――そういった近代の植民地主義やオリエンタリズムが基底にはあります。

こういう思想はシオニズム運動の最初からありました。第1部でお話ししたように、シオニズム運動は、ヨーロッパ中心主義の近代国民国家をヨーロッパの外につくろうという、ヨーロッパのユダヤ人による運動でした。それがヨーロッパの植民地としてのパレスチナに持ち込まれたときに、そこにいるアラブ人たちは自分たちより劣った存在で、土地への権利、市民権、社会権などを認めなくてもいいような「野蛮人」として想定されていました。

なので、建国後のイスラエルにおいても、西岸地区とガザ地区の人々を市民権を持たない人々として扱い、1967年の軍事占領以来半世紀以上、48年の建国以来なら七十数年にわたってずっと無権利状態に置いています（ただし西岸地区は1950〜67年の間はヨルダン領でした）。無権利状態が暫定的ではなく、恒常化してしまっていることをイスラエル社会は良しとしているわけです。

だから、ガラント国防大臣（当時）の「人間動物」という発言も出てきて、実際に水や食料を止めていて、本当に人間扱いをしていません。「国際法違反をやるぞ」と宣言して実行していることに対して、イスラエル国内からも、欧米社会からも、強く咎める声がありません。そこにレイシズムが反映されています。

イスラエル社会のパレスチナに対するまなざしは、大きく見れば「ヨーロッパ中心主義とアジア・アフリカの野蛮」という構造の下、それを反復しているシオニズムの中で形づくられているということです。

「人間動物」という表現は、国防大臣が言ったことで注目されましたが、これまでもずっと、歴代の戦闘的なシオニストたちが、パレスチナ人を動物呼ばわりしたり、ゴキブリ呼ばわりしたりするなどの言説が蔓延《まんえん》してきました。これは、レイシズムに伴って普遍的に現れる表象なので、いまさら珍しいことではないとも言えます。

和平への諦め

2000年代以降の変化として言えることは、イスラエルのマジョリティの中に、和平交渉に対する諦めが広がったことです。先述のように1967年の軍事占領から87年のインティファーダまでは、出稼ぎ労働者のパレスチナ人たちと日常的に接し、一方的な思い込みとしての共存がありました。そこには主従関係があって、差別があるわけですが、差別を自覚しないで、「仲良く働いていた」と錯覚していました。とはいえ、ともかく生身の接点がありました。

1993年のオスロ合意のあとは和平交渉があったり、和平のもとでの何らかの対話やプロジェクトがあったりしました。ところが、2000年の第2次インティファーダ以降は、和平の対話相手がいないという「ノー・パートナー政策」が言われるようになり、隔離壁をつくる（02年～）とか、ガザからの一方的撤退（05年）とか、いろいろな形で一方的政策が行われるようになりました。自分たちで隔離する壁を作りながら、いまのイスラエルには、その壁の向こう側に生身の生きている人たちがいるとか、自分たちが抑圧者であるとか、入植者であるとか、そういう意識もないのです。

じつは、この一方的政策の進展と並行して、最後の和平交渉の模索も行われていました。自分たちが侵略者だとか、支配者だという自覚は希薄だったものの、それでもイスラエルの圧倒的な優越性を保ちながらパレスチナ側との交渉がありました。詳細な内容には触れませんが、2000年のキャンプ・デービッド会談決裂後、01年にタバ交渉、03年に中東和平カルテット(アメリカ、ロシア、EU、国連)によるロードマップ、それに基づくシャムル・エル・シェイク会談、同年には民間ベースでしたがジュネーブ和平合意も提示されました。07年にはアナポリス国際会議がありました。

これらの交渉ラインはキャンプ・デービッドに近い内容で、東エルサレムも含む西岸地区の一部の入植地はイスラエル領に併合し、難民帰還権はごく一部の例外的人道措置を除き認めないことを基本線としていました。イスラエルからすれば「最大限の譲歩」だったとしても、パレスチナからすれば不当な収奪の追認でしかなく、いずれの交渉もこの溝が埋まらないまま合意に至りませんでした。そのうちにパレスチナ側ではハマースが台頭し、

2008年末からイスラエルが大規模ガザ攻撃を開始、09年にイスラエルにベンヤミン・ネタニヤフ（1949〜）の極右強硬政権が成立して、和平交渉の可能性が消滅しました。この過程で、イスラエル社会のパレスチナとの対話に対する断念、和平への諦めが非常に強くなっていったと思います。

イスラエルのマジョリティは、自分たちがパレスチナに対して抑圧者の側であるという自覚が抜け落ちているどころか、「パレスチナ人が譲歩しないのが悪い」「自分たちはテロの犠牲者である」といった倒錯したものになってしまっています。

2023年10月からのガザ攻撃に対する反応の中には、右派のユダヤ人たちが、ガザ地区の兵糧攻めに加担して、検問所で援助物資を積んだトレーラーを止めるということが頻繁にありました。援助物資はイスラエル政府が承認した量だけ、つまり餓死者が一斉に出ないくらいの量が計算されて、ギリギリの量だけ入れようとしているわけです。それを右派のユダヤ人が、検問所の手前にバリケードをつくってイスラエル国旗を振りながら、「我々はテロリストたちの手助けをするような物資を入れさせない」と言って体を張ってトレーラーを止めているのは、象徴的です。

私から見れば、それは極右の過激派によるジェノサイドへの加担ですが、当人たちは愛国主義者で自分たちが正義だと信じきっていることでしょう。そのことで、ガザ地区全体で生じている飢餓がより悪化し、死者が出ますが、自分たちが物資を止めることで餓死者を出すことにまったく意識が及んでいないようです。

反ネタニヤフ

〈10・7〉以前、現首相のベンヤミン・ネタニヤフは大変な不人気でした。数々の汚職のほか、政権に批判的なメディアを規制して政権に甘いメディアを優遇しようとし、そのことが問われそうになると、最高裁判所の審査権を弱める司法改革を強行し、司法に対する政治の優位を確立しようとしました。メディアに批判をさせず、自身を裁く司法を規制するというのは独裁者の振る舞いそのものだということで、さすがに相当の批判を受け、市民による大規模な反ネタニヤフのデモもあり、支持率も失墜し、失脚するだろうと見られていました。

失脚後は逮捕されるのではないかとも言われていましたが、今回の戦争で戦時内閣をつくって一気に息を吹き返しました。ただ、ガザ攻撃の長期化と、人質問題が何カ月経っても人質解放に至っていないという点で、軍事力で人質を奪還する作戦に失敗しているのみならず（数人のみ軍が救出）、そもそも人質解放交渉を真剣に進めるつもりがないという批判が強まっています（２０２３年11月に一部の人質とパレスチナ人囚人の交換はありましたが、それ以降、24年12月現在まで行われていません）。イスラエルの強引な空爆により人質を殺していたり、陸上侵攻時に人質を誤射していたりするケースが次々に発覚して、人質の家族や、人質の解放を重視する人たちから、反ネタニヤフのデモが強まっているのです。

ただし、その人たちが言っている「反ネタニヤフ」とは、あくまで人質問題に関する手際の悪さを批判しているのであって、ガザ地区に対する自分たちの支配や暴力性、パレスチナ人に対する差別について批判しているのではありません。パレスチナに対する占領そのものを批判するような声が、どんどん弱まってしまっています。

以前は、西岸とガザは軍事占領地だから手放すべきだという「シオニスト左派」も少数ながらイスラエルにはいました。それはイスラエル国家をより安泰にするためで、この人たちもイスラエル国家はユダヤ人だけの国家でなければならないという点で妥協しないシオニストではあるのですが、いまはそういう人たちもほとんど消え去ってしまい、西岸、ガザの軍事占領それ自体が不当であるという形での批判はなくなりました。

超正統派

それに対して、ユダヤ教超正統派の立場の人たちによるガザ攻撃に対する批判が際立っています。イスラエル国内にいる超正統派の中には政治的にイスラエル政府と妥協する人もいますが、イスラエルを批判し続けている人たちもいて、イスラエル市民からの「ガザ攻撃それ自体が不当だ」という声が弱い分、そのことを批判する声として、超正統派のユダヤ人の声が強まっているように見えます。

超正統派のユダヤ人たちのスタンスは、〈10・7〉の前から変わっていません。以前から、イスラエル国家が軍事力で国を維持していること自体が不当であり、西岸、ガザの軍事支配も不当であり、極論すれば、イスラエルという国の存在が不当だという立場です。そして、次のように主張しています。

イスラエルはユダヤ教に基づいておらずユダヤ教国家ではない。ヨーロッパ流の帝国主義者であり、レイシストであり、ナショナリストであるシオニストたちがヨーロッパの帝国主義と手を携えて軍事力でつくった国が、ユダヤ教に何の関係があろうか。それどころか、イスラエルはユダヤ教の教義、信仰を踏みにじるものだ。なぜなら、自分たちは敬虔に神の戒律を守ることで、将来的に罪の贖いを求めているのに、異教徒に対する支配も、軍事力の行使も、人を殺すこともすべて神への冒瀆で、自分たちユダヤの民の罪深さをさらに深めて、罪の贖いの正反対に行ってしまい、救済が遠のいてしまう。

こういう主張をする超正統派は、イスラエル国内とアメリカのニューヨーク周辺に多く、デモや集会を継続させています。イスラエルの国旗を破るとか、燃やすとか、踏みつけるということまでやってガザ攻撃を批判し、イスラエルの軍事力の行使を批判し、軍事占領を批判しています。

象徴的ですが、イスラエルの治安警察がガザ攻撃を批判するデモで、超正統派のユダヤ教徒を打ち倒して連行するということが起きています。ユダヤ人の国だと言いながら、いったい誰の国なんだという、第2部でお話しした矛盾が如実に出ていると言えます。

9

イスラエルはガザ侵攻後をどのように考えているのか

ガザの今後の統治案

かつて、イツハク・ラビン（イスラエル首相としてオスロ合意に調印）の「目が覚めたらガザ地区が海に飲まれて消えていればいいのに」という有名な発言がありましたが、イスラエルにとって難民問題そのものであり、抵抗の拠点としてのガザ地区は、とにかく消えてほしいということはずっと一貫しています。そしていまは、ハマースをはじめとする反オスロを掲げ、パレスチナ独立を掲げるような組織の存在は認めないということははっきりしています。では具体的に戦後のガザをどのように統治するのか。それについては複数の案が出ています。

一つは、傀儡《かいらい》化したPLOの担う自治政府にガザ地区も統治させることが検討されています。つまり、オスロ体制のもとでイスラエルの下請け機関としてのファタハを中心とした自治政府を置くという、西岸地区でやっていること——とはいえ、飛び地になっている限られた場所における行政だけをさせているわけですが——を、ガザ地区でもさせるということです。

これには反対意見も多く、2007年に西岸地区からハマースを一掃してガザ地区に封じ込め、西岸でファタハに選挙結果を覆えさせて、せっかく西岸とガザを分断したのに、傀儡化しているとはいえ、同じファタハ中心の自治政府にどちらも任せたら民族的な統一が進んでしまって、下手をすると抵抗運動の再燃に繋がりかねないという懸念があります。

また、非ハマースで穏健な政治勢力を傀儡化してガザ地区の統治をさせるという可能性も論じられています。ただし期待できる有力党派があるわけではなく、おそらくこれが機能する前に、ハマースその他の反オスロの党派が傀儡政権を打倒する可能性があります。

もう一つの案は、「再占領」という言い方がされます。いまでも陸海空を封鎖して軍事占領しているのですが、ここで言う「再占領」とは、オスロ体制以前のようにイスラエル軍が常時そこにいて、占領統治者としてガザ地区の内部で公然と振る舞うというやり方です。

これについてもやはり一定の批判があります。占領者としてガザにいることに対する、国際社会からの目や、占領責任に対するコストがあるからです。オスロ体制のメリットは、実質的には占領を続けながら、「我々は占領者じゃない」という振る舞いができ、そのコストを国際社会に押しつけることです。それができていたのに、直接占領に戻すのは好ましくないという批判です。

経済植民地主義

そういう中で2024年5月に首相官邸筋から出てきたのが、「危機から繁栄へ――ガザ地区の転換計画」です。「ガザ2035」とも呼ばれています。

次ページの絵が、ガザ地区の2035年の再開発イメージだとしているものです。金融商業都市ドバイの高層ビルのイメージと非常に重なっています。ガザを更地にして近代的な都市をつくるかのような、政治的に完全に無力化したイメージです。ハマースは関与させないし、パレスチナ独立とか民族自決とか、そういったことは一切させないで、その上で、イスラエルがパレスチナ人と一緒に、経済開発をガザ地区で行うというものです。

パレスチナ人の政治的な自決を完全に無化して、イスラエルと経済的繁栄をしましょうというのは、経済植民地主義です。イスラエルは「復興」とか「和平」という美名のもとで経済植民地経営を行うことを公然と世界にアピールしているのです。

　また、絵には、海上に船とともに海底ガス田の開発が描かれています。

　ガザ沖には1999年に海底ガス田(ガザ・マリン)が見つかっています。まだ開発されていないことから、イスラエルはガス田の採掘権が欲しくてガザ攻撃をしていると言う人もいるのですが、それは短絡的な見方だと思います。イスラエル沖にもはるかに大規模なガス田が見つかって開発が進んでおり、イスラエルはすでに天然ガスの純輸出国なのです。だ

「危機から繁栄へ――ガザ地区の転換計画」 作成：イスラエル首相官邸

からガス田の利益が欲しいのではありません。それは、ガス田が見つかった後の2000年代以降に、ガザ地区のエジプトへの移管を打診していることからも明らかです。

ガス田が見つかったときに、パレスチナ自治政府のアラファート大統領（当時）は湾岸産油国をモデルに、地下資源を財源にした国家財政によるパレスチナ国家独立の実現について語りました。国際社会の支援に依存するだけではなく、ガス田を独自の国家財政の財源にするということを言ったのです。独自の財源があれば、パレスチナ経済の独自の発展が可能です。イスラエルからすると、そんなことは到底許せません。

さらに2006年にハマース政権が誕生し、07年にガザ地区に封じ込めた結果とはいえハマースがガザ地区を掌握したため、反オスロのハマースがガス田に関与することを阻止すべく、ネタニヤフ首相は〈10・7〉の前の2023年6月に、「ガザ・マリンの開発をパレスチナ自治政府とエジプトとの共同開発で進めたい」と語りました。

しかし、イスラエルがパレスチナの資源開発に参与すると自らその枠組みを決めること自体がおかしいことです。軍事占領地の資源を占領者が収奪するに等しい行為ですから。イスラエルの主眼はパレスチナ側が、PLOの自治政府であれハマース政権であれ、独自財源を持つことで独立国家になることを阻止したいということなのだと思います。

イスラエルがガザ地区でいまやろうとしていることは、「ガザ地区の転換計画」で示したように、パレスチナの自決権を奪っておきながら、抵抗するハマースは反オスロを掲げて武力行使しているからテロ組織だ、というロジックで国際的なお墨付きを得て、平和、復興、共存共栄という美名のもとに、ガザ地区に対する事実上の経済植民地化を進める、そういう方向にあるのだと思います。

じつは〈10・7〉のわずか2週間前の2023年9月22日にネタニヤフは国連総会の演説で、「新中東構想（The New Middle East）」を掲げ、それを地図で示しています（次ページ）。この地図の中には、すでに西岸地区もガザ地区もありません。歴史的パレスチナの全土がイスラエルのナショナル・カラーである青にべったりと染められていました。〈10・7〉の前から、イスラエル周辺から湾岸にかけての同盟アラブ諸国と一緒に経済繁栄する、それがイスラエルの安全保障を高めるという構想が描かれていたのです。

かつて「中東和平」と言えば、それはパレスチナ和平のことであり、パレスチナ難民問題の公正な解決のことでした。アラブ各国はその問題の解決なしにはイスラエルを国家承認しないという姿勢で結束していました。けれどもネタニヤフは、新しい中東の秩序をイスラエルと経済同盟と軍事同盟を結んだ親イスラエル、親アメリカのアラブ諸国との経済繁栄のことにすり替えてしまったのです。それはアメリカ合衆国が長年かけて構想し、イスラエルとともに実現してきたことでした。

じつは、「ガザ地区の転換計画」と構図的には同様の事業に、日本も手を染めています。日本政府は、ハマースとファタハの対立が煽られている最中の２００６年に、「平和と繁栄の回廊」構想を発表しました。外務省によると、「日本、パレスチナ、イスラエル、ヨルダンの四者による地域協力により西岸地区の中のヨルダン渓谷の開発を進め、パレス

国連総会で「新中東構想」を発表するネタニヤフ
出典：「The Times of Israel」2023年9月22日

チナの経済的自立を促す中長期的取り組み」とされています。

そこに占領を問題視する観点はまったくないし、むしろ占領者であるイスラエルとともに経済繁栄を一緒にやりましょうと言っています。占領下においてやる以上、イスラエルの協力は避けられないし、イスラエルを批判することもできないということでしょう。

しかし、そんなことをすれば、ますますイスラエルに正当性を与えてしまいます。占領を既成事実として認め、イスラエルの関与のもとに開発が進められるので、イスラエルにとって不利益にならない形でしか進められません。日本政府が平和の名のもとにお金を投じて経済を回し、それを通してイスラエルとパレスチナの対話を図るとか、和平を促進するということで、一見するといいことずくめのように聞こえるけれども、占領そのものを問題視する視点が欠けていて、完全に本末転倒しています。本来ならいかに占領者イスラエルに関与させないか、いかにパレスチナ経済を自立させるか、が目的であるべきです。

サラ・ロイの言う「反開発」の観点からすれば、まさに占領を強化し永続化させ、かつそれを国際体制の名のもとに組み込んで制度化してしまうことです。そういう前例を、すでに日本は06年からの「平和と繁栄の回廊」構想でやってしまっています。

西岸地区の今後

ガザも西岸もないイスラエルという「新しい中東」イメージの中で、西岸地区はどうなっていくのか。これはPLO自治政府の傀儡化、無力化と繋がっていますが、ガザ地区が痛めつけられるほどそれが見せしめとなり、ファタハ中心のPLO自治政府は、「ハマースはイスラエルと敵対しているが、自分たちはイスラエルと協力関係にある」というスタンスを前面に出すようになります。自分たちがイスラエルに対する唯一の窓口になっていて、国際社会にも認められているという立場ですが、それは、徹底的にイスラエルに対して従順になって、都合がいい存在として認められているということで、民衆からの乖離《かいり》でもあります。この基本構図は、すでに見たように1993年のオスロ合意でつくられてしまっていたのですが、2000年からの第2次インティファーダへの弾圧と一方的政策、ハマース台頭後のファタハのさらなる傀儡化で、いっそう従属が進みました。

ファタハ中心の自治政府は選挙で敗れて正統性もありませんし、現在の支持率は10%程度と言われています。これほどガザ地区が壊滅的に破壊されてもなおPLOもアッバース大統領も、イスラエルに対して何の批判もせず、存在感を発揮できません。イスラエルの思うつぼですが、従順になったファタハができることは、民衆のファタハ批判を封じ、ハマースなどの批判勢力を取り締まるという独裁しかない、そんな西岸地区の状況が生じています。

ファタハ自治政府が従順になっていくうちに、西岸地区の中では、入植地の開発がさらに進み、入植者による非常に暴力的な振る舞いも増えています。武装した入植者が十数軒の家を燃やしたり、車を次々と燃やして回ったり、パレスチナ人の果樹園の木々にガソリンをかけて燃やしたりということも起きています。

そういう過激なことが起こると、さすがに国際社会からの批判の声があがりますが、一部の突出した過激な入植者がやったことに対してだけです。むしろ、入植活動が着々と進められ、主要な入植地はイスラエルによって事実上領土化され、さらに西岸地区の要衝を切り崩すように新たな入植地がつくられています。その結果、自治区とされる地域が孤立させられる状況が生じていることのほうが重大ですが、これを咎める声はあがりません。

入植者の暴力や入植活動が活発になると、当然パレスチナ人の抵抗も起こります。するとイスラエル軍が介入してきて、入植者ではなく、抵抗運動を取り締まるのです。〈10・

7〉以降、ガザ地区情勢に世界の目が向いている陰で、西岸地区での入植者による暴力もイスラエル軍によるパレスチナ人の殺害、拘束も、過去最悪のレベルになっています。

西岸地区でも生存不可能な状況が広がりつつあり、もうすでに、「自主的な」移住者が出ています。「ここではくらせない」となったときにやむを得ず自主的に移住する。それが広がっていったときには、パレスチナの消滅に繋がります。「人道」の名のもとに、あるいは「自主的な」という名のもとにパレスチナの消滅を図るべく、パレスチナ人にとってはくらせない場所にしていくことが画策されています。

5年や10年でどうにかならなくても、シオニズム運動というのは100年がかりでやってきたわけで、極端なことを言えば、もう100年かければ西岸地区は消えるだろうというような、それぐらいの長期スパンで考えていると思います。

10

世界の反応は

欧米でのイスラエル批判封じ

欧米諸国がイスラエルを支持している歴史的な理由としては、そもそもが、ヨーロッパの植民地主義とレイシズムを背景につくられた国なので、イスラエルという国はヨーロッパの飛び地であるという認識があります。建国に至るまでは、委任統治領という名の大英帝国の植民地だったと言うこともできます。戦後は、アメリカ合衆国が対中東政策の重要な拠点として、イスラエルを非常に強く支持しています。

かつては、イスラエルだけをアメリカが強く支えることで、中東アラブ世界のど真ん中にくさびを打ち込んでいました。それを安泰にするために、アメリカは隣接するエジプト、ヨルダンの政府に対して経済支援と軍事支援をして、その見返りとしてイスラエルと和平を結ぶことを促してきました。先ほどの「新中東構想」の地図が象徴的ですが、それがさらに周辺のアラブ諸国に広がってきています。

新中東構想はアメリカとイスラエルが一緒に描いたものです。中東アラブ世界を欧米の新帝国主義的な経済秩序の中にいかに組み込んでいくかという、ヨーロッパ植民地主義から始まる欲望を実現しようとするとき、その鍵になるのがイスラエルだということです。

欧米やカナダ、オーストラリアなどでは、大学で学生たちによるデモや集会が広がっています。イスラエルの占領を批判し、空爆や虐殺を批判し、自分の大学に対して、イスラエルと協力したり、投資したりすることをやめるよう主張するものですが、それに対して暴力的な弾圧が行われています。警棒でぼこぼこに殴り、押し倒して後ろ手に手錠をかけたり、引きずりまわしたりして連行していきます。様子を見にきた教員まで逮捕され、年配の教授が押し倒された衝撃で肋骨を骨折するなど、取り締まりの暴力性が常軌を逸しています。

「イスラエル批判は許されない」「イスラエル批判をしたら、反ユダヤ主義として取り締まる」という風潮が2000年代から強まっていたのですが、アメリカやドイツでは、「イスラエル批判は反ユダヤ主義に該当し、違法行為である」と定める法的な規制をかけようという動きが進んでいます。アメリカでは24年5月に「反ユダヤ主義啓発法」が成立し、反ユダヤ主義とみなされる範囲を拡大し、イスラエル批判を含めてしまいました。ドイツでは「イスラエル国家を守ることがドイツの国是である」という方針のもと、従来の反ユダヤ主義を規制する法律が〈10・7〉以降拡大解釈され、イスラエル批判やパレスチナ擁護の言動をしただけで取り締まられることが常態化しました。「シオニズムは人種差別だ」とか「ガザの虐殺はホロコーストと同じだ」といった発言や、イスラエルに対するBDS運動（ボイコット、投資中止、制裁を求めること）も、規制対象となっています。

もちろん、ヨーロッパが反ユダヤ主義を横行させ、とりわけナチス・ドイツがホロコーストをもたらしたという過去があり、反ユダヤ主義を復活させないということ自体はわかります。けれども、イスラエルの占領やガザでの攻撃を批判しているのに、それを反ユダヤ主義だとレッテルを貼ってイスラエル批判自体をタブー化して封じるのはまったく筋違いです。

イスラエル化していく日本

イスラエルの自衛権を支持するというのが、日本政府の一貫したスタンスです。つまり、

〈10・7〉のテロがあったから、イスラエルは自衛権を行使している」というイスラエルの立場を支持しています。この背景にはやはり、対テロ戦争の時代以降に、欧米世界と日本がイスラエル化していったという現象があります。

日本は、「自分たちも対テロ戦争の準備をしなければならない」あるいは「周辺アラブ諸国と非常に強い敵対関係にあるイスラエルの国防を見習わなくてはならない」として、中国脅威論や朝鮮脅威論を煽りながら、軍事強化につき進んでいます。

これは21世紀に入ってから突出している傾向です。以前は、アラブ諸国との関係性を良好に保つ上で、イスラエルにここまで同調することはありませんでした。念のために繰り返すと、日本の対中東政策は、イギリスとの利害調整の産物なので、アラブとの深い信頼関係があるとか、アラブ理解があるということではないのですが、それでもバランス感覚は持っていました。資源が欲しいとか、産油国の機嫌を損ねたくないということもありました。イスラエルとあまりにも近しくすればアラブ諸国からボイコット（いわゆるアラブ・ボイコットで、イスラエルと交易する企業をアラブ諸国が排除することです）されかねないこともあって、距離感を持っていたはずなのですが、それが崩れていきました。

このことは、単純に日本とイスラエルの関係だけで言えることではなく、「新中東構想」

に繋がる青写真がアメリカによって描かれて、アラブ・ボイコットを気にしなくて済むようになってきたこともあります。アメリカとイスラエルを軸にして、湾岸産油国が取り込まれれば、イスラエルとだけ貿易をして経済利益を追求するとか、軍事技術を取り入れるとか、軍事協定を結ぶなどを進めていく上での障壁がありません。

パレスチナの大義とか、パレスチナ難民に対する公正な解決ということを気にしないでいいので、その足かせがなくなって、むき出しの欲望が出てきています。そのために、守られるべき人権や、難民問題の公正な解決という大事な原則が置き去りにされてしまっています。

イスラエルがガザ侵攻を繰り返していた2014年、日本の安倍政権はイスラエルのネタニヤフ政権と包括的パートナーシップの共同声明を出しました。この年、日本は集団的自衛権を解釈改憲で容認し、武器取引を容認する防衛装備品移転三原則を閣議決定し、翌15年に安全保障関連法を制定しています。日本が軍事力強化を推し進めていく時期と日本がイスラエルと関係強化していく時期が重なっています。

民衆と乖離し、アメリカ、イスラエル寄りになる中東諸国

中東諸国、とりわけエジプト、ヨルダン、アラブ首長国連邦、バーレーン、スーダン、モロッコはすでに正式にイスラエルと国交を結んでいて、サウジアラビアも締結直前だと言われていたときに〈10・7〉が起きました。ですが、国交を結んでいなくても、すでにサウジアラビアはアメリカ、イスラエルと協力関係にありました。

ただ、中東諸国の民衆の間には、パレスチナに対してイスラエルがやっていることについては非常に強い反発が広がっています。そして、イスラエルに対して明確に反対できない自国の政権に対して不満を持っています。つまり、民衆と政権は乖離しています。乖離すればするほど、各政権は、アメリカ、イスラエルとの関係強化で自分たちの政権を維持しようとします。つまり、自分たちの民衆に根ざした政権とか、自分たちの社会に根ざした経済的繁栄があっての政権ではなく、アメリカの援助で自分たちの政権が維持されるというような構図になっていて、さらに民衆から乖離していっています。

世界の趨勢

国際社会をもっと広く見たときに、欧米の突出したイスラエル支持と、組み込まれてしまった周辺のアラブ諸国の動きとは別の動きがあります。

２０２３年12月には、国連総会は、ガザ地区での即時停戦を求める決議案を１８６カ国中１５３カ国の賛成で採択しました。反対はアメリカ、イスラエル、オーストリアなど10カ国、棄権はイギリス、ドイツなど23カ国。２０２４年5月の国連総会では、パレスチナの国連加盟を支持する決議案（国連へ正式加盟できるのは国のみ）について、１７７カ国のうち１４３カ国が賛成し、採択されました。反対はアメリカ、イスラエルなど9カ国、棄権はイギリスなど25カ国でした。ただし、国連総会は拘束力がなく、安全保障理事会でアメリカが拒否権を何回も行使して決議を阻止しています。国連の問題がここでも露呈しています。

アジア、アフリカ、ラテンアメリカ世界では、大きな流れとしては、イスラエルがやっていることを容認しないという立場が広がっています。日本社会にとっての「国際社会」

は、対米関係が半分以上、G7でほとんどを占めていて、欧米中心主義、欧米崇拝を免れていないので、日本政府は国際社会と協調してイスラエル支持を表明しガザ攻撃を止める行動を一切とっていませんが、本当の意味での世界の動きには反している、ズレてきているということです。

パレスチナを国家承認する国も増えてきていて、2024年6月現在145カ国ほどになっています（日本は二国家解決のための交渉を進めるべきという立場で加盟を支持する国連の決議には賛成しましたが、パレスチナの国家承認はアメリカと同じで反対しています）。ただ、そこには問題もあります。「パレスチナを国家として認めるべきだ」と言うときの、パレスチナ国家を代表するのが、PLOの自治政府であることです。PLO自治政府だけが国際社会で認められているという問題があります。

PLO自治政府を事実上の国家の政府として認め、それによってパレスチナという国が国連に加盟したり、国際会議などさまざまな場に参加できたりするようになることは、パレスチナの地位を高めることに繋がるとは思います。ですが、自治政府が傀儡化している問題と、ハマースというパレスチナの人々の選挙での選択、自決権を否定したままであるという問題が残ります。〈10・7〉以降も、西岸・ガザ地区の人々はファタハではなくハマースを支持しています（下のグラフ参照）。

ですから、パレスチナの国家承認や国連加盟の動きは、イスラエルがハマースをテロ組織扱いしてガザを攻撃し、虐殺が続いていることに関する解決にはなりません。自治政府を傀儡化して、西岸の自治政府とガザのハマースという分断を持ち込んだこと、それ自体に対する批判にはなっていないということです。そのことがパレスチナ国家承認をめぐる議論の中から欠落しています。

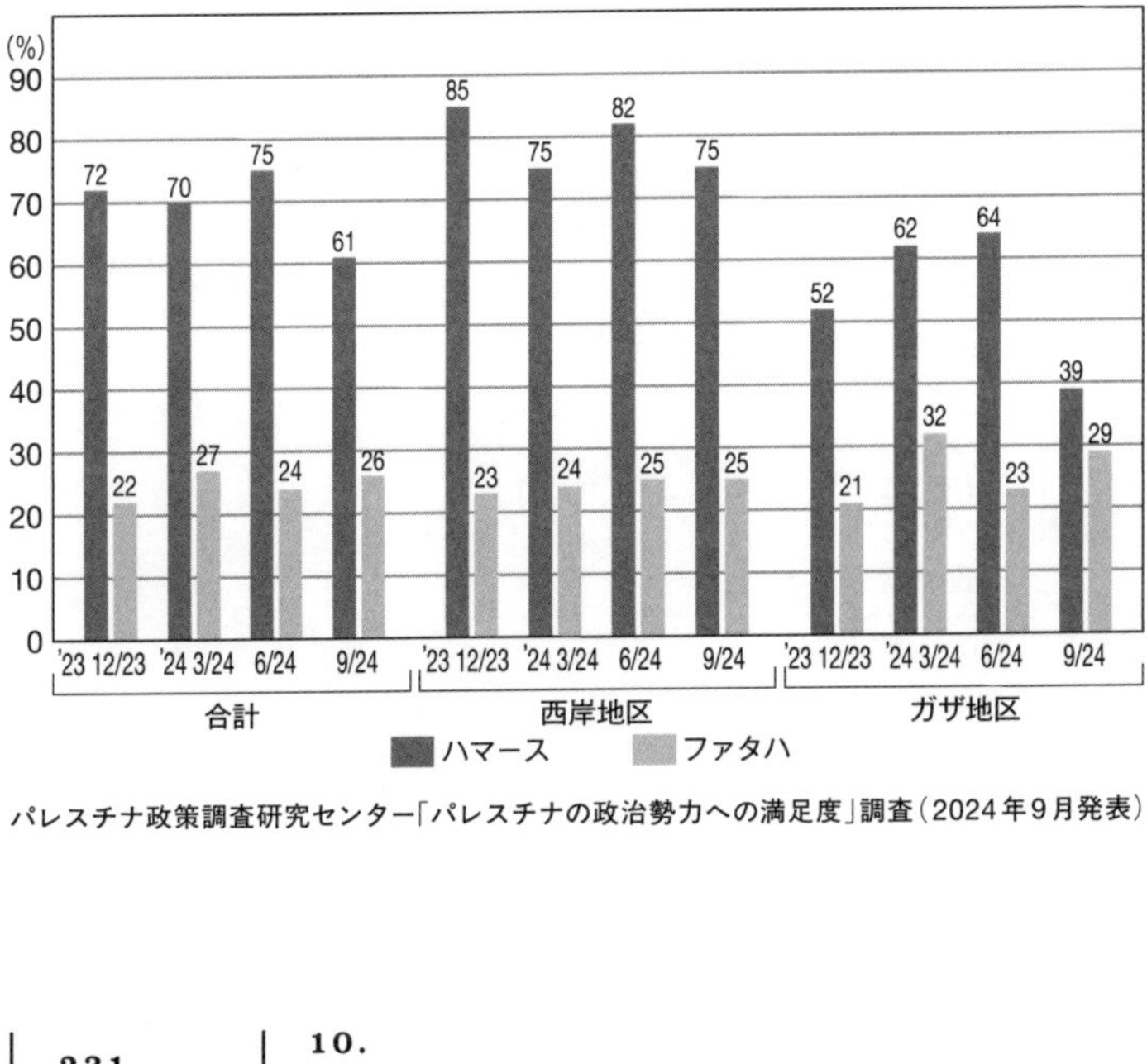

パレスチナ政策調査研究センター「パレスチナの政治勢力への満足度」調査（2024年9月発表）

11

ガザ侵攻に対する世界の思想は

国連を辞任した人権高等弁務官NY事務所長

国連人権高等弁務官ニューヨーク事務所長クレイグ・モカイバーが、〈10・7〉の後、ガザの虐殺が進んでいる状況で、国連が無力で、国連の人権高等弁務官が虐殺を黙認していることに対して、抗議の辞任をしました。その際に、2023年10月28日付で人権高等弁務官宛に書いた文章の一部を紹介します。

世界人権宣言の採択が、パレスチナ人民に対するナクバと同じ年であったことは、驚くべき歴史の皮肉である。今年、世界人権宣言75周年にあたって、私たちは、世界人権宣言がそれに先立つ残虐行為から生まれたという古い決まり文句を捨てて、世界人権宣言が20世紀の最も残虐な大量虐殺のひとつ、すなわちパレスチナの破壊ととも

に生まれたことを認めるのがよいだろう。ある意味で、宣言の創設者たちはパレスチナ人をのぞくすべての人に人権を約束したのだ。さらに、国連それ自体が原罪を負っていることも忘れてはならない。国連は、パレスチナの土地と家屋を没収して植民地主義者に引き渡すという、ヨーロッパの入植型植民計画を支援し、パレスチナの人びとから奪い取る手助けをしたのだ。

（人権高等弁務官宛書簡、2023年10月28日、古屋哲訳）

「すべての人間は、生れながらにして自由であり、かつ、尊厳と権利とについて平等である」という第1条の文言で始まる世界人権宣言は、1948年12月10日に第3回国連総会において採択されました。この時点ではまだパレスチナ／イスラエルで第1次中東戦争、すなわちパレスチナ人の追放は進行中だったのです。

一般的には、第2次世界大戦の惨禍を受けてその悲惨さを反省して、人権宣言をつくったと言われるにもかかわらず、パレスチナのナクバの最中になされたこと、そして現在もパレスチナでこんなにも人権が軽んじられていることを考えれば、人権宣言で謳われた人権はパレスチナ人を除くすべての人に対してだった。1947年の国連の分割決議が先住パレスチナ人の自決権に照らして不当であり、その不当な決議の結果パレスチナ人の追放と占領（イスラエル領も48年占領地です）、つまりナクバを生み出した。それが「国連の原罪」だとモカイバーは指摘しているのです。

国連の創設自体が欧米を中心とした大国の支配システムで、そのシステムが約80年も続いています。ですから、その欧米陣営の一員であるイスラエルによる、国家にもなっていないアラブの一地域パレスチナへの虐殺に対して、現在の国連では有効な対処などできないのは必然です。国連はガザ虐殺に対して重大な責任を有していると言わざるを得ません。

ハミッド・ダバシ

イラン出身で、エドワード・サイードの同僚でもあったコロンビア大学教授の中東研究者、ハミッド・ダバシという思想家は、在米の中東研究者としてアメリカの政策も批判しながら、ヨーロッパの知識人、哲学者たちの理性主義や普遍主義といったものが持っている隠れたレイシズム、隠れた植民地主義を批判しています。

ダバシはカント、ヘーゲルの時代から、ヨーロッパの哲学者が持っている理性主義というものは、結局、ヨーロッパ人だけが理性を持っているという思想であり、ヨーロッパ哲学はヨーロッパの帝国主義、植民地主義と軌を一にしている哲学だとずっと批判してきました。

ドイツにユルゲン・ハーバーマスという、ヨーロッパの近代主義、民主主義を非常に肯定的に、哲学的に論じてきた、たいへん著名な社会哲学者がいます。ハーバーマスは2023年11月に「イスラエルとの連帯を強めよ」という声明を連名で発表しました。それに対してハミッド・ダバシは、2024年1月18日に発表した「ガザのおかげでヨーロッパ哲学の倫理的破綻が露呈した」という論考の中で批判しています。

この中でダバシは、ハーバーマスがハマースを敵視し、「イスラエルとの連帯を」と言っていることは、ハーバーマスの言う近代とか民主主義の価値というものが普遍的なものではまったくなく、ヨーロッパ中心主義の「文明と野蛮」の構図に則ったものだとしています。そういう意味では、ハーバーマスは、ナチスについて反省をしているからイスラエルを支持しているのではなく、ナチスの時代、あるいはナチス以前からドイツが持っているヨーロッパ中心主義、ヨーロッパ至上主義の、むしろ直系の後継者だともダバシは指摘しています。

ドイツの知識人は、かつてナチズムと結託してしまいました。たとえば、マルティン・ハイデガーはナチスばりのレイシズムを持ち、ナチスに加担していました。ハーバーマスがシオニズムと結託したのもその延長上にあり、ドイツは本当の意味でホロコーストを反省していないしレイシズムを反省していない。ヨーロッパの内部でヨーロッパ人であるユダヤ教徒を虐殺したことは反省したかもしれないけれども、非ヨーロッパ世界に対する優越意識、植民地主義意識というものは反省していないんだと、ダバシは言っています。

２０２３年10月からネタニヤフ首相もイツハク・ヘルツォーグ大統領も、「ガザ戦争は西洋文明を守る戦争なのだ」ということを繰り返し欧米世界にアピールして支援を求め、欧米諸国もそれに応じています。西洋文明（Western Civilization）を守る戦争という言葉は非常に象徴的です。イスラエルによるガザ攻撃は、まさに西洋中心主義的な植民地主義的世界を守るための戦争なのです。ガザ攻撃はそれほどに根深い問題であるということを、ダバシは「ガザ攻撃にはヨーロッパ植民地主義の歴史全体が含まれている」と表現しています。

ガザ攻撃に植民地主義全体が含まれているということについて、もう少し詳しく見ると、ダバシは論考の中でヨーロッパの植民地主義の三つのイデオロギー、すなわち「セトラー・コロニアリズム（入植者植民地主義）」「マニフェスト・デスティニー（明白なる天命）」「すべての野蛮人を根絶やしにせよ」が、イスラエルの歴史全体に含まれていると言っています。

ヨーロッパの「セトラー・コロニアリズム」では、ヨーロッパの中で宗教的なマイノリティやアウトロー的な存在の人たちが入植地に集団で入植し、自分たちのコミュニティをつくり、最終的には先住民を排して国をつくりました。アメリカ合衆国が典型ですが、第1部で見てきたとおり、イスラエルもその一つです。ヨーロッパの中で迫害を受けたユダヤ人たちが、セトラー・コロニアリズムを実践してパレスチナの地でイスラエルという国をつくりました。

「マニフェスト・デスティニー」は、アメリカ合衆国の西部開拓運動において、先住民を追い出して土地を自分のものにすることを、神に与えられた使命だとして正当化するイデオロギーでした。イスラエル建国においても、「約束の地」という言葉を政治的に利用し、先住アラブ人を追い出して国をつくることが正当化されましたが、これがシオニスト版マニフェスト・デスティニーと言えるでしょう。

「すべての野蛮人を根絶やしにせよ」は、1899年にイギリスで発表されたジョゼフ・

コンラッドの『闇の奥』という、アフリカの奥地（ベルギー領コンゴ）に渡った植民地貿易商人の小説に出てくる言葉です。「野蛮人」とはアフリカの人々のことです。18〜19世紀のアフリカや南北アメリカでは、先住民の大虐殺がホロコーストにさきがけて起きていました。

ダバシはこれら三つのイデオロギーをイスラエルが共有していて、対ガザ戦争でもそのまま反復していると指摘しています。

ジュディス・バトラー

ジュディス・バトラーはアメリカ在住のユダヤ人の哲学者です。『ジェンダー・トラブル』（1990年）というフェミニズム研究の思想書で世界的に有名になった人ですが、第2次インティファーダ以降の2000年代は、イスラエル軍の西岸、ガザにおける弾圧をユダヤ人として批判してきました。次第にシオニズムそれ自体に対して、思想的な考察を深めるようになり、それをまとめた本が日本でも『分かれ道　ユダヤ性とシオニズム批判』（青土社）として翻訳出版されています。

バトラーは２０２４年３月３日にパリで講演をしたとき、「10月7日の武装蜂起は、武装抵抗であったことを認めるべきだ」と発言しました。「10月7日の武装蜂起はテロリズムでも反ユダヤ主義でもない、パレスチナ人が戦っているのは宗教勢力ではなく、植民地権力に対する抵抗」であり、「その方法として武力を用いたことについては賛否があるとしても、武装蜂起をしたのは、何十年にもわたる政治的暴力に対する抵抗であり、これを抵抗として認めることが大事なのだ」と踏み込んだ発言をしたのです。

〈10・7〉以降ずっと、日本も含めて大手のメディアに出るような論客はみんな「私はハマースのテロにも反対ですが」と、最初に言わなければいけないような状況です。「ハマースの行ったテロは決して容認できませんが」とことわった上で、「しかしイスラエルがやっていることもやり過ぎ」みたいなことを言います。

テレビのコメンテーターだけでなく、知識人、専門家と言われる人たちでさえそういう発言の仕方をしなければならないような空気が強いのに対して、「この武装蜂起は抵抗だということをまず認めるべきだ」と言ったのは非常に勇気がいることです。実際、バトラーに対しては大変な批判が来て、身の安全も危ういのではないかと心配されています。それぐらい踏み込んだ発言だと思います。

さきほどお話ししたように、〈10・7〉以降、欧米では「イスラエル批判をしたら反ユダヤ主義であり、反ユダヤ主義ということは言論の自由で保障されない人種差別に該当する」という風潮になりました。イスラエルの政策を具体的に批判しているのに、それに「反ユダヤ主義」とレッテル貼りをして封じるという圧力が高まっています。

じつは、バトラーは「イスラエル批判は反ユダヤ主義」というこのレトリックをずっと批判してきました。イスラエルは2000年からの第2次インティファーダへの弾圧の時期から、このレトリックを強く主張するようになり、アメリカのアカデミズムやジャーナリズムにもそれが浸透していきました。バトラーはそのころから自らのユダヤ人としての立場を明確にして、イスラエルの占領政策やアメリカのイスラエル擁護政策を批判するようになりました。

バトラーの〈10・7〉を受けた「抵抗」発言は、覚悟をもってさらに踏み込んだ印象があります。ジェンダー化権力の分析において、言説実践(「パフォーマティブ」)が差別の固定化を生むと同時にその攪乱と克服の契機も生むと論じたバトラーは、パレスチナ/イスラエル問題に対してもパフォーマティブに介入する言説実践をしていると言えるでしょう。

パレスチナの自決権を認めろ

ダバシが植民地主義批判をする、サラ・ロイが反開発批判をする、そしてバトラーが「これは抵抗だと認めるべきだ」と言うことに共通しているのは、「パレスチナの自決権を認めろ」ということです。筋が通っている思想家、批評家は、パレスチナの自決権を認めるべきなのだと言っているのです。

「和平を」とか、「対話を」とか、「経済繁栄を」などと言う以前に、まずパレスチナ人の自決権を認めるべきなんだ。それなしに、表面的に和平合意とか、停戦合意とか、戦後の復興とか開発ということを言っても意味がない、ということです。

イスラエルはパレスチナの意思を聞こうとはみじんも思っていません。ですから、イスラエルはいつでも、どんな理由をつけてでも占領もするし、破壊もします。そこにあるのは、自決権に対する否定です。仮にイスラエルが停戦に応じることがあったとしても、自決権を認めていない上での停戦はいつでも終了できます。自決権を否定している以上、そういうものにならざるを得ません。

加えて言えば、停戦交渉が行われると、合意ができるかどうかが焦点化され、ハマースが、「イスラエルが軍事占領を続ける前提での停戦ではないか」などと言おうものなら、「ハマースの側が停戦を望んでいない」と報じられてしまう。じつに巧妙です。

イスラエルはパレスチナの自決権を否定している。だから、イスラエルはハマースを否定するのです。西岸、ガザ地区に限定してでもいい、きちんと入植地を撤去してもらい、国境管理権を明け渡してもらって、普通の国として独立するんだと要求するハマースを否定しているのです。ハマースへの攻撃によって、イスラエルが否定しているのはパレスチナの自決権だということ、また、そういうハマースを選んだパレスチナの民衆の選択、選挙という民主的な選択を否定していることが問題です。

サラ・ロイは著作の中で、占領の事実を消し去って、救済や慈善など、問題を人道的な支援にずらしていることを批判し、占領を終わらせるのが大事なのであり、「ガザの住民たちはアクターである」「ガザの人々のエージェンシー（行為主体性）を認めろ」と強調しています。

ガザ地区のパレスチナ人はずっと抵抗運動の中心を担ってきたし、彼らにはその力がある。パレスチナ人は主体的な抗議をする、その主体性（エージェンシー）を持っていることを尊重することが重要なのだ。そういう視点が、人道援助とか救済の対象とみなすような、「かわいそう」「助けなきゃ」といったシンパシーの持ち方、議論から抜け落ちていることが一番の問題であるとロイは言っています。その通りだと思います。

12

私たちになにができるのか

イギリスの歴史認識

現在のパレスチナの状況に非常に大きな歴史的責任を負っているイギリス政府は、いまは欧米諸国あるいはG7の一員として横並びで同じようにイスラエルを支持しています。イギリス国内の議論や報道を見ているかぎり、イギリスの自分たちの歴史的責任に関する意識は、希薄だと思うことが多々あります。

一方で、イギリスではイスラエル批判、パレスチナ支持のデモが10万人、20万人規模で行われています。イスラエルのガザ攻撃を批判し、自国政府のイスラエル支持や、イスラエル批判を封じようとする動きに対して、市民が街頭に出て声をあげる民衆の力を感じます。と同時に、市民の間でも、イギリスが植民地支配をし、パレスチナ分割の土台をつくったことに対する歴史的責任についての議論はあまり聞こえてきません。

政府にしても、市民にしても、自国の歴史的な責任に関する意識が希薄であることには、イギリスがパレスチナ委任統治が終わるときに何の責任も取らずに、逃げ出すように国連に丸投げしたことの一つの帰結なのかなと思います。

しかし、これは他人事ではありません。同様のことは日本にも言えます。朝鮮分断に対する自分たちの責任ということがまったく欠落したまま、分断体制の一方だけを独裁だと言ってバッシングしているわけですから。日本も、植民地支配をきちんと清算せず、(日本の主観からすれば)一方的に取り上げられたような形で終わったために、植民地支配に対しても、朝鮮の分断に対しても自分たちの責任が自覚できない。そんなところも通じていると思います。

日本の市民として何ができるか

第1部でもお話ししましたように、日本はグレート・ゲームの一プレーヤーとして、イギリスのパレスチナ支配に関与しました。そして日本の植民地だった朝鮮の分断は、アメリカ主導のパレスチナ分割、イスラエル建国と同時期に行われています。植民地主義の問題が通底しているのです。そしてここまで見てきたように、現在の日本の政治・経済・軍事にもパレスチナ／イスラエルは関わっています。パレスチナでの、ガザ地区での出来事は、遠い別世界の出来事では決してありません。

そうした視点で、日本社会で私たちができることは何か。何をしても意味がない、無力だという否定的な声もよく耳にします。たしかに現地に飛び込んでできることがあるわけでなく、募金も現状を変えることには直結せず、デモも集会も勉強会も目の前の虐殺を止める即効性には欠けます。しかし、そこで何もできない、何も意味がないというのは、とても虚無的な態度で、それはいまのイスラエルの行動を黙認し、そのイスラエルを支える欧米や日本の政治を肯定することになります。

大切なことは、国連の人権宣言とか欧米中心の人権・民主主義を無条件に善としてそれに従属することではなく、本当の意味でその理念が普遍的に適用されているか検証し、真に人権や民主主義を尊重することです。あらゆる差別に反対しながら、パレスチナへの攻撃、占領を批判することが大切ですし、足下の政治・経済を公正にすることも大切です。性差別、先住民差別、移民・難民差別、障害者差別、さまざまなマイノリティ差別は、日本社会の至るところにありますが、そうした差別は欧米・イスラエルによるパレスチナ支配やアラブ人差別と通底しています。

デモや集会や勉強会は、有権者の投票行動を変え得るでしょうし、その積み重ねは政治を、政権を変え得るでしょう。それが外交を動かし、日本とパレスチナ／イスラエルとの関係にも変化をもたらすはずです。簡単ではないでしょうし、時間もかかります。でも、諦めれば何も変わりませんし、足下の差別もなくなりません。目の前の人権問題を大事にする政治文化を作っていくことが、パレスチナ問題の公正な解決に繋がっているのです。

脱植民地的な運動をめざす

さらに言えば、パレスチナ問題は、イギリスが植民地支配をし、その後、本来ならそこからパレスチナが独立すべきところが、今度はシオニズムによる入植者植民地主義に売り渡されて、乗っ取られてしまったという問題です。なので、本当は植民地問題であり、脱植民地化の問題です。

ですからパレスチナ問題は、共通した脱植民地化の問題として、第三世界への広がりを持ち、普遍性を持つ課題です。市民運動としても、そういう課題として捉えて展開していくべきだと私は思っていますし、そういう問題提起をしていきたいと思っています。

パレスチナ解放も含めて、幅広い第三世界運動、世界のさまざまな反植民地運動、反帝国主義運動は20世紀の前半から第2次世界大戦後の時期まで一定の趨勢がありましたが、1970~80年代に冷戦体制の中で、とりわけアメリカによって潰されていったという歴史があります。脱植民地運動には独立運動としては経済ナショナリズム（資本主義）に向かう流れもある一方、社会主義・共産主義に向かう流れもありました。そうした独立運動の内部に冷戦的対立が持ち込まれ、アメリカは強硬に軍事的・経済的に介入して、真の独立を阻み、アメリカ陣営への従属化を図っていきました。

その意味では第三世界運動は敗北の歴史なのですが、その歴史的な遺産を学びながら、失敗した脱植民地化を、もう一度捉え直す。そういうことが大事だと思っています。

あとがき

本書『イスラエルについて知っておきたい30のこと』は、2023年10月7日の「ガザ蜂起」およびそれに続くイスラエルによるパレスチナ攻撃の激化と長期化の中で企画されました。報道やSNSに蔓延する「テロと報復」や「憎悪の連鎖」といった短絡した図式に陥らず、今起きている事態を丁寧かつ批判的に考えるために必要不可欠な背景解説を試みています。とくに常軌を逸したガザ地区の破壊については、「先に攻撃を仕掛けたハマースが悪い」という思い込みが今も流通しています。本書は、そのような日本の言論状況に対して、最低でも共有すべき基本認識を示しつつ、そして一歩でも批判的視点へと踏み出すことを意図したものです。

本書の校正段階に入った2024年12月に、シリアのバッシャール・アル＝アサド政権が反政府勢力によって倒されました。2011年の「アラブの春」に始まる反政府デモが欧米、イスラエル、トルコ、ロシア、イラン、イスラーム国の介入によって国際化・軍事化した内戦へとどのように発展していったのかをここで詳しく論じることはできません。ただ、最終局面でイスラエルがシリア軍基地を空爆し、緩衝地帯を設けるとしてシリアに侵攻しながら、第三次中東戦争ですでに占領していたシリア領ゴラン高原へのユダヤ人入植者を倍増させる政策を決定したことは、パレスチナ問題にも暗い影を投げかけています。

　独裁は終わらせるべきだとしても、今後のシリアの体制は無力化された親米・親イスラエル政権にならざるを得ません。本書で論じた、周辺アラブ諸国を米国の後押しで親イスラエル化していく「新中東構想」のさらなる完成であり、パレスチナの孤立がいっそう深まることは必至です。イスラエルによるゴラン高原の占領は領土化へと深まり、そのことはヨルダン川西岸地区のユダヤ人入植地のイスラエル領化にも繋がっていくでしょう。

　さらに、このあとがきを書いている最中の2025年1月15日には、イスラエルとハマースとの間の「停戦」が米国およびカタールの仲介によって合意に達したと発表されました。これは明らかにレバノンのヒズブッラー壊滅と、シリア政権の転覆によるハマースの孤立、そして「最もイスラエル寄り」と言われる就任直前の米国次期大統領ドナルド・トランプによる介入の結果です。

　つまりこの「停戦」は、一般的な国家間戦争の停戦とは全く異なり、イスラエルによる一方的なガザ地区でのジェノサイドの「一時停止」にすぎません。ガザ地区の占領も封鎖も変わらず、またやはり占領下のヨルダン川西岸地区で続いているイスラエル軍の侵攻と入植者による襲撃・収奪も止まることがないのです。本書で論じたようにイスラエルは「占領」の意味を永続的な領土化へとすり替えましたが、「停戦」の意味もすり替えています。イスラエル側の軍事的な占領と封鎖は継続しているのに、パレスチナ側がその軍事占領に抵抗すれば、「停戦違反」として、イスラエルはいつでも一方的な大規模攻撃を再開できるのです。実際、こうした「停戦」の欺瞞と、誘導された「停戦違反」を口実とした大規模攻撃は、イスラエルがガザ地区に対してこれまで何度も行ってきました。「停戦」で、イスラエルによる占領が終わるわけでも、軍事侵攻・入植が止まるわけでもない。むしろ「停戦違反」としてさらに攻撃・侵攻ができる。これが、過去に繰り返されてきたことなのです。

パレスチナの孤立と無力化、イスラエルの軍事展開の恒常化、入植者の過激化と入植地の領土化が進む中で、本書で論じた「ガザ地区の転換計画（ガザ2035）」も併せると、大イスラエルによるパレスチナの「消滅」が近づいていると言わざるを得ません。日本を含む国際社会は、この壮大な不正義をいつまで座視しているのでしょうか。

私は、いわゆる「パレスチナ／イスラエル問題」において、シオニズム（ユダヤ人国家思想）の研究、そして、イスラエルの対ガザ地区政策の研究に力を入れてきたことから、ガザ攻撃を機に企画された学習会や集会で講師を務める機会が多くなりました。そうした中で、以前に平凡社から刊行した「中学生の質問箱」シリーズの一冊、『国ってなんだろう?――あなたと考えたい「私と国」の関係』(2016年)があらためて広く読まれるようになりました。主に近代国民国家やナショナリズムについて、さまざまな民族紛争や民族差別までを含めて、中高生の理解の一助となることを意図した書籍でしたが、ヨーロッパのユダヤ人差別やシオニズム運動が日本・東アジアの私たちにもどう関わるのかを考える視点を提供していることが、最近になって読まれるようになった理由だと思います。

この「中学生の質問箱」シリーズの企画者で、『国ってなんだろう?』の担当者であったフリーランスの編集者・ライターの市川はるみさんが、同書の内容に基づきながらイスラエルおよびガザ情勢を考えるオンライン・イベント「イスラエルはどうしてあんなにひどいことができるの?――「国」と「私」から考える」を、2024年4月に企画し、さらにこのイベントの概要記事を前・後編に分けて、翌5・6月にウェブサイト「じんぶん堂」(朝日新聞社運営のブックサイト「好書好日」の協力企画)に掲載してくださったところ、多くのアクセスがあり反響が大きかったことから、平凡社の編集者である吉田真美さんから書籍化の打診がありました。

本書の制作過程は以下のとおりです。

まず市川さんが、本書の原型となる3部構成の30項目を立ててくださいました。それをもとに、3日間を割いて、市川さんと吉田さんのお二人を相手に私が講義をしました。1日あたり約6時間、合計18時間程度でしょうか。大学の集中講義のような感じで、ときにお二人から質問を受けながら話したことが本書の土台となっています。ただし本書は、その講義の単純な文字起こしではありません。二人の編集者はさらに私が他で書いたり話したりしたものを参照した上で、より具体的で厳密な原稿へと再構成してくださいました。さらには、講義の際に間違って話した数字や日付についても事実関係を確認して訂正しつつ、読者を意識して、読みやすさ、理解しやすさのために、加筆・修正の提案をしてくださいました。本書は文字どおりに三人四脚で制作されたものであり、構成や文章において優れた点があればそれは市川はるみさんと吉田真美さんのおかげです。深く感謝します。

本書が日本社会のパレスチナ／イスラエルをめぐる認識や議論に対して、一石を投じるものになれば幸いです。

２０２５年1月17日
早尾貴紀

早尾貴紀　はやお・たかのり

1973年生まれ、東京経済大学教員。専門は社会思想史。2002～04年、ヘブライ大学客員研究員として東エルサレムに在住し、西岸地区、ガザ地区、イスラエル国内でフィールドワークを行う。著書に『国ってなんだろう?』『パレスチナ／イスラエル論』『ユダヤとイスラエルのあいだ』、訳書にイラン・パペ『パレスチナの民族浄化』（田浪亜央江との共訳）、サラ・ロイ『ホロコーストからガザへ』（岡真理、小田切拓との共編訳）、ジョー・サッコ『ガザ　欄外の声を求めて』などがある。

イスラエルについて知っておきたい30のこと

2025年2月10日　初版第1刷発行
2025年7月12日　初版第3刷発行

著者　早尾貴紀
構成　市川はるみ
装幀　漆原悠一（tento）

発行者　下中順平
発行所　株式会社平凡社
〒101-0051　東京都千代田区神田神保町3-29
電話　03-3230-6573（営業）
平凡社ホームページ　https://www.heibonsha.co.jp/

印刷　株式会社東京印書館
製本　大口製本印刷株式会社

ISBN978-4-582-83974-6

【お問い合わせ】
本書の内容に関するお問い合わせは
弊社お問い合わせフォームをご利用ください。
https://www.heibonsha.co.jp/contact/